JN199567

新・歴史人物伝

織田信長

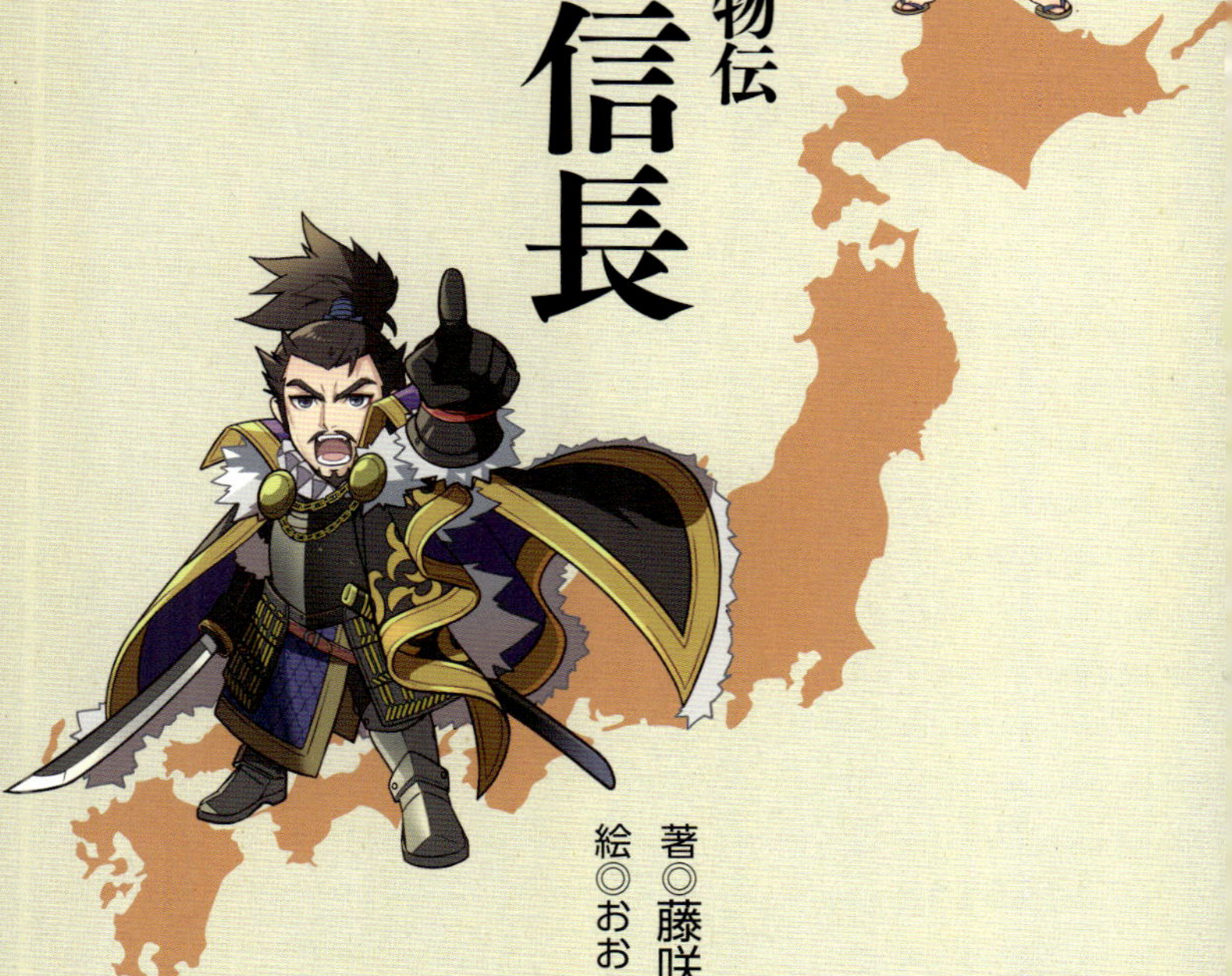

著◎藤咲あゆな
絵◎おおつきべるの

長篠の戦いで攻めかかる武田軍と迎え撃つ織田軍。
CGイラスト 成瀬京司

ドドドオオオ――ッ！

パアーン！ パアーン！ パアーン！

怒濤《どとう》の勢《いきお》いで迫《せま》った騎馬軍団《きばぐんだん》を、馬防柵《ばぼうさく》の向《む》こうで構《かま》えていた織田軍《おだぐん》の鉄砲隊《てっぽうたい》が狙《ねら》い、火《ひ》を噴《ふ》く！

「ええい、怯《ひる》むでない！」

「かかれ！ かかれ――っ！」

武田軍《たけだぐん》は押《お》し破《やぶ》れると踏《ふ》み、果敢《かかん》に向《む》かってくる。

本文141ページより

織田信長《おだのぶなが》の足跡《そくせき》を訪《たず》ねよう!!

岐阜県《ぎふけん》
若《わか》き日《ひ》の信長像《のぶながぞう》

岐阜公園《ぎふこうえん》にある北村西望《きたむらせいぼう》・作《さく》の像《ぞう》。同《おな》じものが井《い》の頭《がしら》自然文化園《しぜんぶんかえん》（東京都《とうきょうと》）や島原城跡公園《しまばらじょうせきこうえん》（長《なが》崎県《さきけん》）にもある。

滋賀県《しがけん》　安土城跡《あづちじょうあと》

信長《のぶなが》が天下布武《てんかふぶ》を人々《ひとびと》に知《し》らしめるものとして築《きず》いた城《しろ》。それまでにない独特《どくとく》なデザインで豪華《ごうか》さを誇《ほこ》ったが、本能《ほんのう》寺《じ》の変《へん》の後《あと》に焼失《しょうしつ》した。

愛知県《あいちけん》
幼少期《ようしょうき》の信長像《のぶながぞう》

信長《のぶなが》は勝幡城《しょばたじょう》で生《う》まれたという有力《ゆうりょく》な説《せつ》があり、勝幡《しょばた》駅前《えきまえ》には父《ちち》・信秀《のぶひで》と母《はは》・土《ど》田御前《たごぜん》に抱《だ》かれた赤《あか》ん坊《ぼう》の信長《のぶなが》という珍《めずら》しい像《ぞう》がある。

京都府《きょうとふ》　本能寺跡《ほんのうじあと》

信長《のぶなが》が自害《じがい》した本能寺《ほんのうじ》は、現在《げんざい》の場《ば》所《しょ》ではなく堀川四条《ほりかわしじょう》の近《ちか》くにあった。現在《げんざい》の本能特別養護《ほんのうとくべつよう》老人《ごろうじん》ホームが元《もと》の本能寺《ほんのうじ》の跡地《あとち》にあたる。

新・歴史人物伝

『織田信長』

もくじ

序章◆その前夜《ぜんや》

湖《みずうみ》の中《なか》に、ぽつんと城《しろ》がひとつ。

しかも、その城《しろ》は半分以上《はんぶんいじょう》が水《みず》の中《なか》に没《ぼっ》している。

天正十年《てんしょうねん》（一五八二年《ねん》）五月《がつ》、備中高松城《びっちゅうたかまつじょう》は水《みず》に囲《かこ》まれていた。

このままでは城主《じょうしゅ》の清水宗治《しみずむねはる》だけでなく、城兵《じょうへい》五千《せん》の命《いのち》も水《みず》に呑《の》まれてしまうだろう。

それを眺《なが》めながら、この城《しろ》を攻《せ》めている羽柴秀吉《はしばひでよし》（のちの豊臣秀吉《とよとみひでよし》）は後《うし》ろに控《ひか》えている軍師《ぐんし》に言《い》った。

「官兵衛《かんべえ》、見事《みごと》な奇策《きさく》よのう」

「いえ、秀吉様《ひでよしさま》のひらめきがなければ、立《た》てられなかった策《さく》にて」

そう謙遜《けんそん》し、黒田官兵衛《くろだかんべえ》が礼《れい》を取《と》る。

約《やく》二カ月前《げつまえ》の三月《がつ》十五日《にち》。主君《しゅくん》・織田信長《おだのぶなが》から備中攻略《びっちゅうこうりゃく》の命《めい》を受《う》けた秀吉《ひでよし》は二万《まん》の兵《へい》を率《ひき》いて姫路城《ひめじじょう》を発《た》ち、四月《がつ》四日《か》、目《め》の前《まえ》にある高松城《たかまつじょう》の城主《じょうしゅ》・清水宗治《しみずむねはる》に対《たい》し、降伏《こうふく》するよう使者《ししゃ》を差《さ》し向《む》けた。

しかし、宗治《むねはる》は応《おう》じなかった。中国《ちゅうごく》の覇者《はしゃ》・毛利《もうり》の一家臣《いちかしん》として、ここから西《にし》へは一歩《いっぽ》も織田《おだ》の軍勢《ぐんぜい》を進《すす》ませるわけにはいかなかったからである。

「こうなったら、攻《せ》めるしかないのう」

四月二十七日《にち》、秀吉《ひでよし》は高松城《たかまつじょう》に総攻撃《そうこうげき》をかけた。

が、城兵《じょうへい》の抵抗《ていこう》が激《はげ》しく、逆《ぎゃく》に何百人《なんびゃくにん》もの戦死者《せんししゃ》を出《だ》すはめになってしまい――。

「また籠城戦《ろうじょうせん》に持《も》ち込《こ》まれると厄介《やっかい》じゃ。どうにかならんか」

秀吉《ひでよし》は高松城《たかまつじょう》を見下《みお》ろせる高台《たかだい》に上《のぼ》り、眼下《がんか》に広《ひろ》がる景色《けしき》を見《み》ながら考《かんが》えた。

高松城《たかまつじょう》は天然《てんねん》の要害《ようがい》。

三方《さんぽう》を沼地《ぬまち》に囲《かこ》まれ、残《のこ》り一方《いっぽう》は堀《ほり》という、水《みず》で守《まも》られた平城《ひらじろ》だ。それゆえ、攻《せ》めにくいのだが――。

「水《みず》で守《まも》られているのなら、水《みず》で攻《せ》めるのはどうじゃろう」

景色《けしき》を眺《なが》めながら、ふと、秀吉《ひでよし》がつぶやくと、官兵衛《かんべえ》がハッとなり、すぐさま思《おも》いついたことを口《くち》にした。

「秀吉様《ひでよしさま》、こうしてはいかがでしょう」

官兵衛《かんべえ》の策《さく》とは、こうであった。

近《ちか》くの足守川《あしもりがわ》の流《なが》れを堰《せ》き止《と》めて水《みず》を高松城《たかまつじょう》の周辺《しゅうへん》に流《なが》れるようにし、城《しろ》を水没《すいぼつ》させせようというのだ。

金《かね》も人員《じんいん》も大量《たいりょう》に投入《とうにゅう》する大規模《だいきぼ》な工事《こうじ》になるが、これから梅雨《つゆ》に入《はい》るということもあり、これは奇策《きさく》にして良策《りょうさく》であった。

「なるほど、それは名案《めいあん》じゃな。さっそく取《と》りかかるがよい」

秀吉《ひでよし》の許可《きょか》が下《お》りると、官兵衛《かんべえ》は充分《じゅうぶん》に実地《じっち》の検分《けんぶん》を行《おこな》ってから、工事《こうじ》をはじめ――。

わずか十九日間《にちかん》で一里《り》（約《やく》四キロ）ほどの長《なが》さのある堤防《ていぼう》が完成《かんせい》した。この堤防《ていぼう》と三方《さんぽう》の沼地《ぬまち》の背後《はいご》にある山《やま》をもって、城《しろ》を完全《かんぜん》に包《つつ》み込《こ》んだのである。

それから、足守川《あしもりがわ》に岩《いわ》をたくさん積《つ》んだ舟《ふね》を三十隻横《せきよこ》に並《なら》べると、いっせいに舟《ふね》の底《そこ》を抜《ぬ》いて岩《いわ》ごと舟《ふね》を沈《しず》めて川《かわ》を堰《せ》き止《と》め、流《なが》れを変《か》えた。

高松城《たかまつじょう》の周《まわ》りに、どんどん水《みず》が押《お》し寄《よ》せ、水《みず》かさを増《ま》していく。

そして、梅雨時《つゆどき》で雨《あめ》が続《つづ》き――。

高松城《たかまつじょう》は湖《みずうみ》に浮《う》かぶ城《しろ》のごとく、孤立《こりつ》してしまったのだ。

高松城《たかまつじょう》を救《すく》うべく、毛利《もうり》家《け》の当主《とうしゅ》・輝元《てるもと》は自《みずか》ら三万《まん》もの大軍《たいぐん》を率《ひき》いて、高松城《たかまつじょう》の近《ちか》くの猿掛城《さるかけじょう》まで進軍《しんぐん》してきたが、秀吉軍《ひでよしぐん》の守《まも》りが堅《かた》く、それ以上《いじょう》は進《すす》めないでいる。

（めったに戦線《せんせん》に出《で》ることのない輝元《てるもと》が、出陣《しゅつじん》してきたとは……）

しばらく腹《はら》の探《さぐ》り合《あ》いが続《つづ》いたが、毛利方《もうりがた》は和議《わぎ》に傾《かたむ》いている。

輝元《てるもと》に敬意《けいい》を払《はら》うためにも、ここは織田《おだ》も総大将《そうだいしょう》である信長《のぶなが》が出《で》てくるのが良策《りょうさく》だ。

「最後《さいご》の仕上《しあ》げは、ぜひ信長様《のぶながさま》に」

秀吉《ひでよし》はそう願《ねが》い、信長《のぶなが》の居城《きょじょう》──近江国《おうみのくに》は安土城《あづちじょう》へと使者《ししゃ》を向《む》かわせた。

信長《のぶなが》は三月《がつ》に長年《ながねん》の敵《てき》であった甲斐《かい》の武田《たけだ》を攻《せ》め滅《ほろ》ぼし、背後《はいご》の憂《うれ》いはなくなっている。

六月《がつ》には、信長《のぶなが》の三男《なん》・信孝《のぶたか》の軍《ぐん》が四国《しこく》の長宗我部元親《ちょうそかべもとちか》を攻《せ》めるべく、摂津《せっつ》の港《みなと》から船出《ふなで》する予定《よてい》だ。

（中国《ちゅうごく》も四国《しこく》も、もうすぐ信長様《のぶながさま》の手《て》に落《お》ちる。あとは関東《かんとう》、東北《とうほく》、九州《きゅうしゅう》……信長様《のぶながさま》の掲《かか》げる〝天下布武《てんかふぶ》〟……すなわち、天下統一《てんかとういつ》も夢《ゆめ》ではない！）

天下布武《てんかふぶ》とは、天下《てんか》に武《ぶ》を布《し》く──つまり、武家政権《ぶけせいけん》が天下《てんか》を治《おさ》めるということだ。信《のぶ》長《なが》は群雄割拠《ぐんゆうかっきょ》の戦国《せんごく》の世《よ》の乱《みだ》れを憂《うれ》い、戦《いくさ》のない世《よ》の中《なか》を作《つく》ろうと考《かんが》えたのである。

秀吉《ひでよし》はこれまで信長《のぶなが》の夢《ゆめ》のために、ひた走《はし》ってきた。

平民《へいみん》の出《で》である秀吉《ひでよし》を取《と》り立《た》て、「中国攻《ちゅうごくぜ》め」という大仕事《おおしごと》をまかせたのも、信長《のぶなが》が従《じゅう》来《らい》の身分制度《みぶんせいど》にこだわらず、ひとりひとりの能力《のうりょく》を見《み》て判断《はんだん》するという、この当時《とうじ》としては斬新《ざんしん》な考《かんが》え方《かた》をする主君《しゅくん》だったからだ。

（わしがここまでこられたのは、すべて信長様《のぶながさま》のおかげじゃ！）

だからこそ、秀吉《ひでよし》は信長《のぶなが》に、ここへ来《き》てほしかった。中国平定《ちゅうごくへいてい》という輝《かがや》かしい瞬間《しゅんかん》は、自分《じぶん》ではなく信長《のぶなが》に手《て》にしてほしいと思《おも》ったのだ。

秀吉《ひでよし》が高松城《たかまつじょう》を水攻《みずぜ》めにしている頃《ころ》、信長《のぶなが》は安土城《あづちじょう》にて、武田《たけだ》攻《ぜ》めに功《こう》のあった徳川家《とくがわいえ》康《やす》と穴山梅雪《あなやまばいせつ》をもてなしていた。

が、信長《のぶなが》は秀吉《ひでよし》の願《ねが》いを聞《き》き入《い》れて、それを途中《とちゅう》で切《き》り上《あ》げ、備中《びっちゅう》に向《む》かうことを約束《やくそく》した。

そうして、先発隊《せんぱつたい》として、まずは重臣《じゅうしん》・明智光秀《あけちみつひで》を援軍《えんぐん》として差《さ》し向《む》けたのだが――。

秀吉《ひでよし》のもとには、光秀《みつひで》も信長《のぶなが》も来《く》ることはなかった。

「本能寺《ほんのうじ》の変《へん》」が起《お》きたのである。

秀吉《ひでよし》がその驚《おどろ》くべき報《しら》せを受《う》け取《と》ったのは、六月《がつ》三日《か》の夜《よる》のことであった。

見回《みまわ》りの兵《へい》が密使《みっし》らしき男《おとこ》を捕《と》らえ、引《ひ》っ立《た》ててきたのだ。

「あやしい者《もの》を捕《と》らえたところ、こんなものを持《も》っておりました」

「これは、光秀殿《みつひでどの》からの書状《しょじょう》かの」

こちらへ向《む》かっているであろう光秀《みつひで》からの書状《しょじょう》かと思《おも》い、目《め》を通《とお》したとたん、秀吉《ひでよし》は目《め》をむいた。紙《かみ》を持《も》つ手《て》が、ぶるぶると大《おお》きく震《ふる》えだす。

「……こ、これは、まことか!?」

それは、にわかには信《しん》じられない内容《ないよう》であった。

明智光秀《あけちみつひで》が、主君《しゅくん》の信長《のぶなが》を裏切《うらぎ》り、京《きょう》の本能寺《ほんのうじ》で討《う》ったというのだ。

これは光秀《みつひで》が秀吉《ひでよし》に宛《あ》てた書状《しょじょう》ではなく、「信長《のぶなが》を討《う》ったから味方《みかた》になってほしい。秀《ひで》吉《よし》を挟《はさ》み撃《う》ちにしよう」と、毛利《もうり》を誘《さそ》う密書《みっしょ》だったのである。

明智《あけち》の密使《みっし》が、毛利《もうり》の陣《じん》と間違《まちが》えて秀吉《ひでよし》の陣《じん》の近《ちか》くに迷《まよ》い込《こ》んだために、こうして秀吉《ひでよし》が機密《きみつ》を手《て》にしたわけだが……。

「な、なにかの間違《まちが》いであろう……あの信長様《のぶながさま》が……」

しかし、その後《ご》も京《きょう》から織田方《おだがた》の使者《ししゃ》が次々《つぎつぎ》と報《しら》せに来《き》たので、それは揺《ゆ》るぎない事実《じじつ》として秀吉《ひでよし》の胸《むね》に突《つ》き刺《さ》さった。

「うう、信長様《のぶながさま》ぁ……信長様《のぶながさま》ああああ……!」

秀吉《ひでよし》はなりふり構《かま》わず、泣《な》き崩《くず》れる。

天下統一《てんかとういつ》――。

その夢《ゆめ》は信長《のぶなが》の死《し》により、中国平定《ちゅうごくへいてい》を前《まえ》にして、あっけなく崩《くず》れ去《さ》ったのだ。

のちに秀吉《ひでよし》は天下人《てんかびと》となる。

が、それは主君《しゅくん》・信長《のぶなが》の存在《そんざい》なくしては語《かた》れない。

群雄割拠《ぐんゆうかっきょ》の、この時代《じだい》。

戦国《せんごく》の世《よ》にあって、初《はじ》めて〝天下統一《てんかとういつ》〟を掲《かか》げた武将《ぶしょう》・織田信長《おだのぶなが》とは――果《は》たして、どのような男《おとこ》だったのか。

第一章◆幼《おさな》くして城主《じょうしゅ》になる

天文三年《てんぶんねん》（一五三四年《ねん》）五月十二日《がつにち》――。

その日《ひ》、尾張国《おわりのくに》・勝幡城《しょばたじょう》にて元気《げんき》な産声《うぶごえ》が上《あ》がった。

城主《じょうしゅ》・織田信秀《おだのぶひで》の三番目《ばんめ》の息子《むすこ》である。

「そうか、男子《おのこ》か。ようやく跡継《あとつ》ぎに恵《めぐ》まれたぞ」

信秀《のぶひで》はことのほか喜《よろこ》び、生《う》まれた子《こ》は吉法師《きっぽうし》という幼名《ようみょう》をつけられた。

吉法師《きっぽうし》は信秀《のぶひで》の正室《せいしつ》・土田御前《どたごぜん》を母《はは》に持《も》つ。そのため、先《さき》に側室《そくしつ》が産《う》んだふたりの息子《むすこ》より、家督継承《かとくけいしょう》の順位《じゅんい》が上《うえ》になるのだ。

信秀《のぶひで》はこの頃《ころ》、尾張《おわり》における勢力争《せいりょくあらそ》いに力《ちから》を注《そそ》いでいた。

尾張国《おわりのくに》の守護《しゅご》は斯波氏《しばし》である。

この斯波氏《しばし》のもと、尾張《おわり》は上四郡《かみよんごおり》の守護代《しゅごだい》・岩倉織田《いわくらおだ》家《け》と、下四郡《しもよんごおり》の守護代《しゅごだい》・清須織田《きよすおだ》家《け》のふたつに分《わ》かれている状態《じょうたい》であった。守護代《しゅごだい》というのは、京《きょう》にいる守護《しゅご》に代《か》わって政《せい》務《む》を行《おこな》う役職《やくしょく》だ。

信秀《のぶひで》の家《いえ》は「清須三家老《きよすさんかろう》」と呼《よ》ばれる、清須織田《きよすおだ》家《け》の家老三家《かろうさんけ》のひとつ——平《ひら》たくいえば、三人《にん》いる重臣《じゅうしん》のひとりに過《す》ぎなかった。

が、野心家《やしんか》の信秀《のぶひで》が経済力《けいざいりょく》をつけて勢力《せいりょく》を伸《の》ばし、この頃《ころ》には他《ほか》の織田《おだ》家《け》を凌《しの》ぐ勢《いきお》いとなっていたのである。

将来的《しょうらいてき》に次々《つぎつぎ》と起《お》こるであろう戦《いくさ》を見据《みす》えた場合《ばあい》、自分《じぶん》の血《ち》を引《ひ》く男児《だんじ》は何人《なんにん》でもほしい。それが正室《せいしつ》の子《こ》となればなおさらだ。

信秀《のぶひで》は吉法師《きっぽうし》に期待《きたい》をかけ、守役《もりやく》に重臣《じゅうしん》の平手政秀《ひらてまさひで》をつけた。

政秀《まさひで》は真面目《まじめ》な上《うえ》に人《ひと》と話《はな》すことがうまく、和歌《わか》もたしなむ男《おとこ》だ。前年《ぜんねん》、尾張《おわり》を訪《おとず》れた公家《くげ》の山科言継《やましなときつぐ》からも和歌《わか》の才能《さいのう》を称《たた》えられたほどである。

（政秀《まさひで》のもとでなら、あらゆる方面《ほうめん》に秀《ひい》でた人物《じんぶつ》となるであろう）

信秀《のぶひで》はそう考《かんが》え、大事《だいじ》な嫡男《ちゃくなん》の養育《よういく》をまかせることにした。


吉法師《きっぽうし》が数《かぞ》えで二歳《さい》となった、ある日《ひ》——。

各地《かくち》での政務《せいむ》を終《お》えて勝幡城《しょばたじょう》に戻《もど》った信秀《のぶひで》は、政秀《まさひで》に我《わ》が子《こ》の様子《ようす》を訊《き》いた。

「政秀《まさひで》、吉法師《きっぽうし》は元気《げんき》か。乳《ちち》をよく飲《の》んでいるか」

この時代《じだい》、赤子《あかご》にお乳《ちち》を与《あた》えるのは、産《う》みの母《はは》ではなく乳母《うば》である。吉法師《きっぽうし》の場合《ばあい》も家《か》臣《しん》たちの妻《つま》の中《なか》から、同《おな》じ時期《じき》に子《こ》を産《う》んだ乳《ちち》の出《で》る女《おんな》を乳母《うば》として選《えら》び、そばにつけていたのだが……。

政秀《まさひで》の返事《へんじ》は、どうにも要領《ようりょう》を得《え》ないものであった。

「吉法師様《きっぽうしさま》は、その……やんちゃといいますか、なんといいますか……」

「なんだ？　おとなしく乳《ちち》を飲《の》まないのか？　嫌《いや》がるようなら、すぐに乳母《うば》を取《と》り換《か》えろ」

「はっ、実《じつ》はすでに今日《きょう》、新《あたら》しい乳母《うば》が——」

と、政秀《まさひで》が苦《にが》い顔《かお》をした直後《ちょくご》、女《おんな》の悲鳴《ひめい》が聞《き》こえてきた。

「なにがあった？」

険《けわ》しい顔《かお》をする信秀《のぶひで》に、政秀《まさひで》が「またか……」と額《ひたい》に手《て》を当《あ》てた。

「あれは、吉法師様《きっぽうしさま》のせいかと」

「吉法師《きっぽうし》の？　どういうことだ？」

「なにが気《き》に入《い》らないのか、吉法師様《きっぽうしさま》は乳母《うば》のお乳《ちち》を飲《の》んでいる途中《とちゅう》で、その……」

政秀《まさひで》の話《はなし》では、吉法師《きっぽうし》はこれまでに何人《なんにん》もの乳母《うば》の乳首《ちくび》を噛《か》み破《やぶ》ったという。

言《い》いにくそうに政秀《まさひで》は報告《ほうこく》したが、信秀《のぶひで》は渋《しぶ》い顔《かお》をせず、我《わ》が子《こ》の奇怪《きかい》な行動《こうどう》を笑《わら》い飛《と》ばした。

「ははは っ、そうか。まだ赤子《あかご》のくせに剛毅《ごうき》なことだ」

吉法師《きっぽうし》の困《こま》った癖《くせ》は、その後《ご》、家臣《かしん》の池田恒利《いけだつねとし》の妻《つま》が乳母《うば》になると、やっと収《おさ》まり……。

誕生《たんじょう》から四年後《ねんご》の天文《てんぶん》七年《ねん》（一五三八年《ねん》）、吉法師《きっぽうし》は早《はや》くも城《しろ》をひとつ与《あた》えられた。

その年《とし》、駿河《するが》の今川《いまがわ》から奪《うば》い取《と》った那古野城《なごやじょう》に、守役《もりやく》の政秀《まさひで》をはじめとする四人《にん》の家臣《かしん》団《だん》をつけ、吉法師《きっぽうし》を城主《じょうしゅ》に据《す》えたのである。

「わしはいずれ、尾張《おわり》を平定《へいてい》する。おまえはそれを引《ひ》き継《つ》ぎ、織田《おだ》をもっと強《つよ》くするのだ」

信秀《のぶひで》はそう言《い》って、まだ数《かぞ》えで五つの吉法師《きっぽうし》の頭《あたま》を撫《な》でる。

「はい、父上《ちちうえ》！　吉法師《きっぽうし》が織田《おだ》をもっと強《つよ》くしてみせます！」

「おお、実《じつ》に頼《たの》もしい。のう、政秀《まさひで》」

「ははっ」

信秀《のぶひで》の吉法師《きっぽうし》への期待《きたい》の大《おお》きさを改《あらた》めて思《おも》い知《し》り、政秀《まさひで》は身《み》を引《ひ》き締《し》めたのだった。

◆◆◆

信秀《のぶひで》はその後《ご》、新《あら》たに築《きず》いた古渡城《ふるわたりじょう》に入《はい》った。母《はは》の土田御前《どたごぜん》は吉法師《きっぽうし》の二歳下《さいした》の弟《おとうと》とともに勝幡城《しょばたじょう》にいる。

家族《かぞく》と離《はな》ればなれの吉法師《きっぽうし》であったが、別《べつ》にさみしくはなかった。守役《もりやく》の政秀《まさひで》や乳母《うば》、そして、乳母《うば》の息子《むすこ》で二歳年下《さいとしした》の勝三郎《しょうさぶろう》（のちの池田恒興《いけだつねおき》）がいたからだ。

そうして、吉法師《きっぽうし》は十年《ねん》もの時《とき》を那古野《なごや》で過《す》ごし——。

数《かぞ》えで十を過《す》ぎた頃《ころ》には、城主《じょうしゅ》としての貫禄《かんろく》も多少《たしょう》はついてきた。

——と、言《い》いたいところだが、

「勝三郎《しょうさぶろう》、ついてまいれ！」

「ははっ」

「吉法師様《きっぽうしさま》、まだ手習《てなら》いが――」

城《しろ》の外《そと》へと出《で》かけようとする吉法師《きっぽうし》を、政秀《まさひで》が止《と》めにかかったが、

「このような天気《てんき》のいい日《ひ》に、川《かわ》に行《い》かないのはもったない！」

と言《い》い、飛《と》び出《だ》して行《い》ってしまった。

父《ちち》の信秀《のぶひで》が同居《どうきょ》していないのをいいことに、信長《のぶなが》は自由奔放《じゆうほんぽう》、やりたい放題《ほうだい》なのだ。

「いずれは、織田家《おだけ》を継《つ》ぐお方《かた》だというのに……少《すこ》しは辛抱《しんぼう》というものを覚《おぼ》え、下《した》の者《もの》の見本《みほん》となるよう、武芸《ぶげい》に励《はげ》んでもらわねば困《こま》る」

このように守役《もりやく》の政秀《まさひで》は日々《ひび》、頭《あたま》の痛《いた》い思《おも》いをしていたのである。

そんな政秀《まさひで》の思《おも》いも知《し》らず、吉法師《きっぽうし》は近《ちか》くの川《かわ》へ向《む》かうと、さっそく着物《きもの》を脱《ぬ》ぎ、ふんどし一丁《いっちょう》で、ざぶんと入《はい》っていった。

「ははは、気持《きも》ちがいいな」

「吉法師様《きっぽうしさま》、帰《かえ》ったら、ちゃんと手習《てなら》いの続《つづ》きをやってくださいね」

「おまえまでうるさいことを言《い》うな」

ばしゃん、と吉法師《きっぽうし》は川《かわ》べりにいる勝三郎《しょうさぶろう》に水《みず》をかける。

「うわっ！」

「ははははっ、おまえも泳《およ》げ」

「もぉ～～」

勝三郎《しょうさぶろう》が濡《ぬ》れた着物《きもの》を脱《ぬ》いでいると、近所《きんじょ》の農民《のうみん》の子《こ》どもたちがやってきた。皆《みな》、日《ひ》に焼《や》けて、顔《かお》は泥《どろ》だらけだ。この子《こ》たちは毎日《まいにち》、野良仕事《のらしごと》の手伝《てつだ》いをしているのである。

「あっ、吉法師様《きっぽうしさま》じゃ！」

「おう、おまえら、いいところへ来《き》た。これから競争《きょうそう》だ！　俺《おれ》より素手《すで》でたくさんの魚《さかな》を捕《つか》まえたものには褒美《ほうび》を与《あた》える」

「よーし！」

「負《ま》けないぞ！」

子《こ》どもたちがこぞって川《かわ》へ飛《と》び込《こ》み、魚《さかな》を捕《つか》まえにかかる。

「ははは、うんと気張《きば》れよ！　勝三郎《しょうさぶろう》、おまえもな！」

「は、はい～っ」

勝三郎《しょうさぶろう》も川《かわ》へ入《はい》り、へっぴり腰《ごし》で魚《さかな》を追《お》いかける。

結局《けっきょく》、いちばん多《おお》く魚《さかな》を捕《つか》まえたのは、吉法師《きっぽうし》だった。捕《つか》まえた魚《さかな》はその場《ば》で串焼《くしや》きにして、みんなで食《た》べ、残《のこ》りは平等《びょうどう》に分《わ》け与《あた》えた。吉法師《きっぽうし》は自分《じぶん》の分《ぶん》の魚《さかな》を城《しろ》への手土産《てみやげ》にして、帰路《きろ》につく。

「ははは、今日《きょう》もよく遊《あそ》んだな」

「吉法師様《きっぽうしさま》、日《ひ》に焼《や》けて、お顔《かお》が真《ま》っ黒《くろ》ですよ。まるで、先《さき》ほどの焼《や》き魚《ざかな》のようです」

このように、吉法師《きっぽうし》は気《き》が向《む》けば川《かわ》で泳《およ》ぎ、野山《のやま》を駆《か》け、ときには戦《いくさ》の真似事《まねごと》をして、身分《みぶん》に関係《かんけい》なく子《こ》どもたちと遊《あそ》び回《まわ》っていたのだが――。

そんな吉法師《きっぽうし》も、やがて元服《げんぷく》を迎《むか》えることになった。

天文《てんぶん》十五年《ねん》（一五四六年《ねん》）、父《ちち》・信秀《のぶひで》の居城《きょじょう》、古渡城《ふるわたりじょう》へ赴《おもむ》き、元服《げんぷく》の儀《ぎ》が執《と》り行《おこな》われた。

「おまえは今日《きょう》から一人前《いちにんまえ》だ。これからは織田三郎信長《おださぶろうのぶなが》と名乗《なの》るがよい」

「信長様《のぶながさま》、おめでとうございます。次《つぎ》は初陣《ういじん》ですな」

守役《もりやく》の政秀《まさひで》がまぶしげに信長《のぶなが》を見《み》る。

「ああ、じい。楽《たの》しみだな」

数《かぞ》えで十三歳《さい》となった信長《のぶなが》は、たくましく成長《せいちょう》していた。しょっちゅう野山《のやま》を駆《か》け回《まわ》っていたおかげだ。

（これで武将《ぶしょう》としての落《お》ち着《つ》きを持《も》ってくれれば、言《い》うことはないのだが……）

そして、元服《げんぷく》した翌年《よくとし》――。

早《はや》くも、信長《のぶなが》の初陣《ういじん》の日《ひ》がやってきた。

第二章◆信長《のぶなが》、初陣《ういじん》を飾《かざ》る

天文《てんぶん》十六年《ねん》（一五四七年《ねん》）、三河《みかわ》の吉良大浜《きらおおはま》を目指《めざ》し、進《すす》んでいく軍団《ぐんだん》があった。

この軍《ぐん》の大将《たいしょう》は、数《かぞ》えで十四歳《さい》の信長《のぶなが》だ。

馬上《ばじょう》の信長《のぶなが》は紅筋《くれないすじ》が入《はい》った頭巾《ずきん》と馬乗《うまの》りの羽織《はおり》に鎧《よろい》という姿《すがた》で、これが初陣《ういじん》とは思《おも》えぬほど、堂々《どうどう》としている。

「信長様《のぶながさま》、こうしてご立派《りっぱ》なお姿《すがた》を拝見《はいけん》し、この政秀《まさひで》、大変《たいへん》うれしく思《おも》います」

守役《もりやく》である平手政秀《ひらてまさひで》は長年《ながねん》の苦労《くろう》が報《むく》われたと感無量《かんむりょう》であったが、当《とう》の信長《のぶなが》はなにが気《き》に入《い》らないのか、眉間《みけん》にしわを寄《よ》せ、険《けわ》しい顔《かお》をした。

「……らぬ」

「え――？」

「つまらぬ、と言《い》ったのだ」

今《いま》、目指《めざ》しているのは、松平氏《まつだいらし》の勢力下《せいりょくか》にある羽城《はじょう》だ。

ここを守《まも》るのは、松平《まつだいら》の家臣《かしん》・長田重元《おさだしげもと》だが、その重元《しげもと》が岡崎《おかざき》へ行《い》っている留守《るす》の間《あいだ》に攻《せ》めることになっていた。これは重元《しげもと》の家臣《かしん》の密告《みっこく》により、父《ちち》・信秀《のぶひで》が立《た》てた作戦《さくせん》である。

「本当《ほんとう》につまらぬ」

初陣《ういじん》は「武者初《むしゃはじめ》」とも言《い》い、武家《ぶけ》の男子《だんし》が初《はじ》めて合戦《かっせん》に臨《のぞ》む、大事《だいじ》な儀式《ぎしき》である。勝利《しょうり》を飾《かざ》るのが当然《とうぜん》〝吉《きち》〟とされ、万《まん》が一《いち》にも討《う》ち死《じ》にすることはあってはならない。

それゆえ、信秀《のぶひで》は激戦《げきせん》とはならない場所《ばしょ》を、我《わ》が子《こ》の初陣《ういじん》に選《えら》んだのだ。

「周《まわ》りにお膳《ぜん》立《だ》てされた、ぬるい勝利《しょうり》になんの意味《いみ》がある？『小豆坂《あずきざか》の戦《たたか》い』のような戦《いくさ》が真《まこと》の戦《いくさ》ではないのか？」

信長《のぶなが》が口《くち》にしたのは、五年前《ねんまえ》、父《ちち》・信秀《のぶひで》が駿河《するが》の今川義元《いまがわよしもと》と繰《く》り広《ひろ》げた戦《いくさ》のことだ。

「確《たし》かに、あれは大変《たいへん》な激戦《げきせん》ではありましたが、信秀様《のぶひでさま》の初陣《ういじん》ではございません」

「そんなことはわかっている！　どうせ戦《たたか》うなら、戦《いくさ》らしい戦《いくさ》をしてみたいのだ」

「……さようで」

（初陣《ういじん》からこのようなことを口《くち》になさるとは、やはり、信長様《のぶながさま》は気性《きしょう》の激《はげ》しいお方《かた》……）

政秀《まさひで》は自分《じぶん》の見方《みかた》は間違《まちが》っていなかった、と感《かん》じた。

信長《のぶなが》はやはり戦場《せんじょう》に身《み》を置《お》くことで、本領《ほんりょう》を発揮《はっき》する男《おとこ》なのだ。

そうして、天王《てんのう》の森《もり》と呼《よ》ばれるところに差《さ》し掛《か》かったとき――。

「織田軍《おだぐん》だ！」

「かかれ！　かかれ――っ！」

森《もり》の中《なか》から長田《おさだ》の兵《へい》たちが、いっせいに躍《おど》りかかってきた！

奇襲《きしゅう》である。

織田軍《おだぐん》の進軍《しんぐん》を知《し》るや、重元《しげもと》が岡崎《おかざき》からすぐに戻《もど》り、防備《ぼうび》を固《かた》めて待《ま》ち構《かま》えていたのだ。

「信長様《のぶながさま》！」

大将《たいしょう》である信長《のぶなが》がどう出《で》るか、政秀《まさひで》をはじめ家臣《かしん》や兵《へい》たちは注目《ちゅうもく》した。

「戦《いくさ》とは、こうでなくてはな！」

信長《のぶなが》はニヤリと笑《わら》うと、腰《こし》の刀《かたな》を抜《ぬ》いた。

「全軍《ぜんぐん》かかれ！」

「おお――っ」

あっという間《ま》に、敵味方入《てきみかたい》り乱《みだ》れての戦《たたか》いとなった。

が、数《かず》で負《ま》ける織田軍《おだぐん》は徐々《じょじょ》に敵《てき》に囲《かこ》まれていき——不利《ふり》な状況《じょうきょう》に陥《おちい》った。

(このままでは信長様《のぶながさま》が……！)

初陣《ういじん》を敗戦《はいせん》で汚《けが》すのは屈辱《くつじょく》だが、命《いのち》を取《と》られることは避《さ》けねばならない。

政秀《まさひで》はそう考《かんが》え、信長《のぶなが》に撤退《てったい》を進言《しんげん》した。

「兵《へい》をお退《ひ》きください！　ここはいったん那古野《なごや》に戻《もど》り、軍《ぐん》を立《た》て直《なお》すのです！」

「兵《へい》を退《ひ》くだと!?　馬鹿《ばか》な！」

信長《のぶなが》は政秀《まさひで》の言葉《ことば》を聞《き》かず、兵《へい》たちに命令《めいれい》した。

「火《ひ》を放《はな》て！　焼《や》き尽《つ》くすのだ！」

兵《へい》たちは松明《たいまつ》を投《な》げ込《こ》んだり、火矢《ひや》を放《はな》ったりして、あたりの民家《みんか》や寺《てら》に次々《つぎつぎ》と火《ひ》をつけていく。

紅蓮《ぐれん》の炎《ほのお》が、暗《くら》い夜空《よぞら》を焦《こ》がす。

木《き》が燃《も》える臭《にお》いが、鼻《はな》をつく。

逃《に》げ惑《まど》う人々《ひとびと》の悲鳴《ひめい》や、子《こ》どもたちの泣《な》き叫《さけ》ぶ声《こえ》があたり一帯《いったい》に響《ひび》く。

ここに至《いた》り、信長《のぶなが》は充分《じゅうぶん》に織田《おだ》の武威《ぶい》を示《しめ》せたことに満足《まんぞく》し、ようやく退却《たいきゃく》を命《めい》じた。

「兵《へい》を退《ひ》け」

「……はっ」

織田軍《おだぐん》はその夜《よる》、野営《やえい》をし、翌日《よくじつ》、那古野城《なごやじょう》へと戻《もど》った。

信長《のぶなが》の初陣《ういじん》は、古渡城《ふるわたりじょう》にいる信秀《のぶひで》に「見事《みごと》な勝《か》ち戦《いくさ》であった」と報告《ほうこく》された。

が、これが辛《から》い勝利《しょうり》であることは、信長自身《のぶながじしん》がいちばんよくわかっていた。

◆◆◆

吉良大浜《きらおおはま》での戦《いくさ》のあと、信長《のぶなが》の若殿《わかとの》らしくない行動《こうどう》に、さらに拍車《はくしゃ》がかかった。

袖《そで》なしの着物《きもの》に帯代《おびが》わりの荒縄《あらなわ》を締《し》め、頭《あたま》をぼさぼさの茶筅髪《ちゃせんがみ》に結《ゆ》い、城下《じょうか》の町《まち》をぶらつくなど、奇行《きこう》が目立《めだ》つようになり、人々《ひとびと》は信長《のぶなが》のことを〝うつけ〟または〝大《おお》うつけ〟だと噂《うわさ》した。

しかし、政秀《まさひで》は、

(信長様《のぶながさま》は決《けっ》して〝うつけ〟ではない)

と信《しん》じていた。

野山《のやま》を駆《か》け回《まわ》るのは、地形《ちけい》やその土地《とち》の様子《ようす》を知《し》るため。川《かわ》を泳《およ》ぐのは身体《からだ》を鍛《きた》えるため。領民《りょうみん》の子《こ》どもたちと戦《いくさ》の真似事《まねごと》をして遊《あそ》ぶのは、本当《ほんとう》の合戦《かっせん》に備《そな》えてさまざまな戦略《せんりゃく》を立《た》てるため、そして、最近《さいきん》、妙《みょう》な身《み》なりをして町《まち》へ出《で》るのは、そのほうが町《まち》の人々《ひとびと》がかしこまらず、普段《ふだん》どおりにしている様子《ようす》が見《み》られる――と思《おも》ったのだ。

そんなある日《ひ》、信長《のぶなが》は近頃《ちかごろ》お気《き》に入《い》りの〝うつけ〟の格好《かっこう》で、最近《さいきん》、尾張《おわり》に来《き》た〝珍《めずら》しいもの〟を見《み》にいった。

「父親《ちちおや》に見捨《みす》てられたという子《こ》は、おまえか」

「は、はい……」

目《め》の前《まえ》にいる男児《だんじ》の名《な》は、松平竹千代《まつだいらたけちよ》（のちの徳川家康《とくがわいえやす》）という。八歳下《さいした》の竹千代《たけちよ》は、同《おな》い年《どし》の子《こ》どもたちに比《くら》べると、体《からだ》つきが小《ちい》さい。

「数《かぞ》えで六つだと聞《き》いたが、それにしては身体《からだ》が小《ちい》さいな」

「年《とし》の瀬《せ》に生《う》まれたゆえ、年《とし》が明《あ》けてすぐにふたつを数《かぞ》えたせいかと」

三河《みかわ》の松平家《まつだいらけ》は、この頃《ころ》、お家騒動《いえそうどう》が続《つづ》き、勢力《せいりょく》を維持《いじ》するために、駿河《するが》の今川《いまがわ》に頼《たよ》らざるを得《え》ない状況《じょうきょう》に陥《おちい》っていた。

そんなわけで、松平家《まつだいらけ》の嫡男《ちゃくなん》・竹千代《たけちよ》はこの年《とし》の八月《がつ》、三河《みかわ》の松平《まつだいら》から駿河《するが》の今川《いまがわ》へ人質《ひとじち》に出《だ》されたのだが、駿河《するが》に送《おく》り届《とど》けるはずの身内《みうち》の裏切《うらぎ》りにより、尾張《おわり》の織田《おだ》へ文字《もじ》どおり「売《う》られてきた」という身《み》の上《うえ》だった。

竹千代《たけちよ》を手《て》に入《い》れた信長《のぶなが》の父《ちち》・信秀《のぶひで》は、

「今川《いまがわ》を見限《みかぎ》り、織田《おだ》につけ。さもないと息子《むすこ》の命《いのち》はないぞ」

と松平家《まつだいらけ》の当主《とうしゅ》・広忠《ひろただ》に迫《せま》ったが、

「我《わ》が子《こ》かわいさに今川《いまがわ》を裏切《うらぎ》るようなことをすれば、末代《まつだい》までの恥《はじ》となる。もとより、人質《ひとじち》として手放《てばな》した子《こ》。生《い》かすも殺《ころ》すも好《す》きにされよ」

と言《い》い、織田《おだ》の軍門《ぐんもん》に降《くだ》ろうとはしなかった。

そこで信秀《のぶひで》は仕方《しかた》なく、竹千代《たけちよ》を尾張《おわり》に置《お》いておくことにしたのである。見捨《みす》てられた人質《ひとじち》に値打《ねう》ちはないが、ここで殺《ころ》してしまうと、松平家《まつだいらけ》を完全《かんぜん》に敵《てき》に回《まわ》すことになるからだ。

予定《よてい》どおり、今川《いまがわ》へ人質《ひとじち》に入《はい》っていたら、優秀《ゆうしゅう》な家臣《かしん》になるよう、それなりに教育《きょういく》を受《う》けたであろうが、今《いま》の竹千代《たけちよ》は宙《ちゅう》ぶらりんな立場《たちば》である。

「おまえが一千貫《せんかん》で売《う》られてきたというのは、本当《ほんとう》か?」

訊《き》きにくいことを平気《へいき》で言《い》う信長《のぶなが》に、竹千代《たけちよ》は、にこっと笑《わら》ってみせた。

「そうらしいですが、今《いま》の私《わたし》にはなんの価値《かち》もありません」

幼《おさな》いのに、どこか悟《さと》りきったような顔《かお》をしている。

「……ふーん、そうか。では、ついてまいれ」

行《い》った先《さき》は野《の》っ原《ぱら》だった。起伏《きふく》のある土地《とち》で、近《ちか》くには川《かわ》も流《なが》れている。

（こんなところで、なにをするつもりだろう？）

と竹千代《たけちよ》が不思議《ふしぎ》に思《おも》っていると、

「あ、信長様《のぶながさま》じゃ！」

と子《こ》どもたちが竹槍《たけやり》を持《も》って集《あつ》まってきた。顔《かお》についた汚《よご》れや、粗末《そまつ》な服《ふく》からして、武《ぶ》家《け》ではなく農民《のうみん》の子《こ》のようだ。

信長《のぶなが》は彼《かれ》らの中《なか》から強《つよ》そうな子《こ》を選《えら》ぶと少《すこ》しの金《かね》を与《あた》え、さらに子《こ》どもたちを二組《くみ》に分《わ》けると、

「勝《か》ったほうには褒美《ほうび》を与《あた》える！」

と約束《やくそく》し、合戦《かっせん》ごっこをはじめさせた。

褒美《ほうび》をもらえるとあって、竹槍《たけやり》を手《て》にした子《こ》どもたちは、はりきって野山《のやま》を駆《か》け回《まわ》る。

「やーっ！」

「よーし、かかってこい！」

しばらくはどちらも一歩《いっぽ》も引《ひ》かず、力《ちから》は拮抗《きっこう》しているかのように見《み》えていたが――。

「おまえはどちらが勝《か》つと思《おも》う？」

信長《のぶなが》に問《と》われ、

「ええと……」

少《すこ》し考《かんが》えたあと、竹千代《たけちよ》は左《ひだり》の組《くみ》を指《ゆび》さした。

「あちらです。身体《からだ》の小《ち》さい者《もの》が多《おお》いですが、その分《ぶん》、知恵《ちえ》を働《はたら》かせています」

これを聞《き》き、信長《のぶなが》はおもしろそうに笑《わら》った。

「ほう……おまえは馬鹿《ばか》ではないようだ」

合戦《かっせん》ごっこは竹千代《たけちよ》が言《い》ったとおり、左《ひだり》の組《くみ》が勝《か》ち――。

子《こ》どもたちが帰《かえ》ったあと、信長《のぶなが》は竹千代《たけちよ》に柿《かき》を差《さ》し出《だ》した。

「褒美《ほうび》だ。食《く》え」

「はい、ありがとうございます」

竹千代《たけちよ》は喜《よろこ》んで受《う》け取《と》り、ひとくちかじったが、

「……しぶっ。信長様《のぶながさま》、ひどいですよ⁉」

「ははっ、すごい顔《かお》だな」

信長《のぶなが》は笑《わら》って、涙目《なみだめ》になった竹千代《たけちよ》を見《み》る。

「知《し》っているか？　渋柿《しぶがき》は干《ほ》さなくても、放《ほう》っておけば、そのうち甘《あま》くなるんだ」

「本当《ほんとう》ですか？」

「ああ」

信長《のぶなが》はうなずき、西《にし》の方角《ほうがく》に目《め》をやった。

「頃合《ころあ》いを見《み》れば、何事《なにごと》もうまくいく。そういうものだと思《おも》わないか」

すると、竹千代《たけちよ》が信長《のぶなが》の横顔《よこがお》を見《み》つめながら、こう言《い》った。

「信長様《のぶながさま》は頃合《ころあ》いを見《み》て、うつけ姿《すがた》をやめるつもりなのですか？」

「……――」

そのとたん、信長《のぶなが》が険《けわ》しい顔《かお》つきになり、竹千代《たけちよ》はびくっとなって首《くび》をすくめた。余計《よけい》なことを言《い》って、怒《おこ》らせたかも――と思《おも》ったからだ。

しかし、信長《のぶなが》は上機嫌《じょうきげん》に笑《わら》いだした。

「竹千代《たけちよ》、やはりおまえは馬鹿《ばか》ではないようだ」

頭《あたま》をぐりぐりと撫《な》でていると、

「信長様《のぶながさま》～～っ」

と遠《とお》くから声《こえ》がした。乳兄弟《ちきょうだい》で小姓《こしょう》の池田勝三郎《いけだしょうさぶろう》が探《さが》しに来《き》たのだ。

「こんなところにおられたのですか？　また、そのような格好《かっこう》をして。政秀殿《まさひでどの》に怒《おこ》られますよ？　……して、その子《こ》は？」

「松平竹千代《まつだいらたけちよ》だ」

「松平《まつだいら》……ああ、一千貫《せんかん》で売《う》られたという、あの」

言《い》ったとたん、勝三郎《しょうさぶろう》が「あっ」となって口《くち》を閉《と》じ、憐《あわ》れんだ目《め》で竹千代《たけちよ》を見《み》たが、信《のぶ》長《なが》は真面目《まじめ》な顔《かお》でこう言《い》った。

「こやつは大物《おおもの》になるぞ。だから、今《いま》のうちに同盟《どうめい》を結《むす》んでいたのだ」

「ど、同盟《どうめい》？」

「まあ、見《み》ておれ。俺《おれ》の目《め》に狂《くる》いはなかったと、そのうちわかる日《ひ》もこよう」

こうして、信長《のぶなが》は竹千代《たけちよ》を気《き》に入《い》り、たまに外《そと》に連《つ》れ出《だ》しては、この日《ひ》のように合戦《かっせん》ごっこに興《きょう》じたり、鷹狩《たかが》りに行《い》ったりしたのだった。

第三章◆濃姫《のうひめ》との結婚《けっこん》

信長《のぶなが》が初陣《ういじん》を果《は》たし、松平竹千代《まつだいらたけちよ》と知《し》り合《あ》ったこの年《とし》――天文《てんぶん》十六年《ねん》（一五四七年《ねん》）九月《がつ》。

父《ちち》・信秀《のぶひで》は〝美濃《みの》のマムシ〟斎藤道三《さいとうどうさん》を滅《ほろ》ぼすべく、道三《どうさん》の居城《きょじょう》・稲葉山城《いなばやまじょう》の城下《じょうか》まで攻《せ》め入《い》った。

道三《どうさん》に美濃《みの》を追《お》われたかつての守護《しゅご》・土岐頼芸《ときよりあき》が頼《たよ》ってきたので、

「土岐《とき》氏《し》の手《て》に美濃《みの》を取《と》り戻《もど》す」

という大義名分《たいぎめいぶん》を掲《かか》げ、信秀《のぶひで》は兵《へい》を挙《あ》げたのである。

要《よう》は、頼芸《よりあき》を利用《りよう》し、美濃《みの》への進出《しんしゅつ》を謀《はか》ったのだが……これは失敗《しっぱい》に終《お》わった。

城下《じょうか》まであと一歩《いっぽ》というところで反撃《はんげき》にあった信秀《のぶひで》は、命《いのち》からがら尾張《おわり》まで逃《に》げ帰《かえ》り、五千《せん》もの兵《へい》を失《うしな》うという大敗《たいはい》を喫《きっ》したのだ。

翌年《よくとし》の天文《てんぶん》十七年《ねん》（一五四八年《ねん》）。

駿河《するが》の今川《いまがわ》とふたたび小豆坂《あずきざか》で激突《げきとつ》した信秀《のぶひで》は敗《やぶ》れ、尾張《おわり》まで退却《たいきゃく》した。世《よ》にいう「第《だい》二次《じ》小豆坂《あずきざか》の戦《たたか》い」である。

尾張《おわり》の統一《とういつ》も思《おも》うようにいかない上《うえ》に、北《きた》は美濃《みの》の斎藤《さいとう》、東《ひがし》は駿河《するが》・遠江《とおとうみ》の今川《いまがわ》という強敵《きょうてき》を抱《かか》えた信秀《のぶひで》は、この事態《じたい》を打開《だかい》する方法《ほうほう》を見出《みいだ》すべく、平手政秀《ひらてまさひで》に相談《そうだん》した。

「今川《いまがわ》と斎藤《さいとう》に挟《はさ》まれたままでは、織田《おだ》は疲弊《ひへい》するばかりだ。なにか良《よ》い手《て》はないものか」

「ならば、斎藤《さいとう》と同盟《どうめい》を結《むす》んではいかがでしょうか？」

道三《どうさん》には帰蝶《きちょう》という年頃《としごろ》の姫《ひめ》がいる。その姫《ひめ》を信長《のぶなが》の正室《せいしつ》に迎《むか》えるという案《あん》を政秀《まさひで》が示《しめ》すと、信秀《のぶひで》は膝《ひざ》を打《う》って喜《よろこ》んだ。

「織田《おだ》の嫡男《ちゃくなん》に嫁《とつ》ぐのだから、道三《どうさん》にとって悪《わる》い話《はなし》ではあるまい。跡継《あとつ》ぎが生《う》まれれば、その子《こ》が織田《おだ》を継《つ》ぐのだからな」

信秀《のぶひで》はさっそく同盟《どうめい》を持《も》ちかけることにし、政秀《まさひで》が美濃《みの》へ向《む》かい、これに奔走《ほんそう》した。

（嫁《よめ》をもらえば、信長様《のぶながさま》は少《すこ》し落《お》ち着《つ》かれるかもしれぬ……）

織田《おだ》のための同盟話《どうめいばなし》ではあるが、政秀《まさひで》の心中《しんちゅう》には信長《のぶなが》の守役《もりやく》として、このような思《おも》いもあったのだ。

（信長様《のぶながさま》には自分《じぶん》を抑《おさ》えるということを、もっと知《し》っていただかなくては。このままでは、他《ほか》の兄弟《きょうだい》に織田《おだ》の家督《かとく》を――という話《はなし》になりかねん）

信長《のぶなが》には兄《あに》がふたりいるが、どちらも信秀《のぶひで》の側室《そくしつ》が産《う》んだ子《こ》で、家督《かとく》は正室《せいしつ》との間《あいだ》にできた三男《なん》の信長《のぶなが》が継《つ》ぐものと、生《う》まれたときから、ほぼ決《き》まっていた。

が――信長《のぶなが》には母《はは》を同《おな》じくする弟《おとうと》・信行《のぶゆき》がいる。二歳違《さいちが》いの信行《のぶゆき》は、うつけと呼《よ》ばれる信長《のぶなが》とは正反対《せいはんたい》の折《お》り目正《めただ》しい若者《わかもの》である。家臣《かしん》たちの間《あいだ》で「家督《かとく》を継《つ》ぐのは信行様《のぶゆきさま》のほうがふさわしいのでは」という声《こえ》もささやかれて久《ひさ》しい。

（斎藤《さいとう》の姫《ひめ》が嫁《とつ》いでくれれば、〝美濃《みの》のマムシ〟が信長様《のぶながさま》の後《うし》ろ盾《だて》となる）

そう考《かんが》えると、信長《のぶなが》にとって、これ以上《いじょう》はない良縁《りょうえん》だ。

そして、政秀《まさひで》の労《ろう》あって道三《どうさん》が応《おう》じ、美濃《みの》の姫《ひめ》と信長《のぶなが》の婚約《こんやく》が調《ととの》ったのである。

◆◆◆

この時代《じだい》、敵対《てきたい》していた家《いえ》と家同士《いえどうし》が同盟《どうめい》を結《むす》ぶため、「互《たが》いの子《こ》ども同士《どうし》の結婚《けっこん》」という手段《しゅだん》を取《と》ることは珍《めずら》しいことではない。

婚儀《こんぎ》は翌年《よくとし》の天文《てんぶん》十八年《ねん》（一五四九年《ねん》）二月《がつ》に行《おこな》われることになり――。

愛娘《まなむすめ》が嫁《とつ》ぐ日《ひ》の前《まえ》の晩《ばん》、道三《どうさん》は帰蝶《きちょう》を呼《よ》び出《だ》し、ひとふりの短刀《たんとう》を渡《わた》した。

「信長《のぶなが》は〝大《おお》うつけ〟という噂《うわさ》じゃ。もし本当《ほんとう》に〝うつけ〟であれば、これで仕留《しと》めよ」

「……承知《しょうち》しました」

帰蝶《きちょう》が短刀《たんとう》を手《て》にし、鞘《さや》から少《すこ》し抜《ぬ》くと、刃《やいば》が燭台《しょくだい》の灯《あか》りを受《う》けて、ぎらり、と光《ひか》った。

「ですが、父上《ちちうえ》。もしかすると、この刀《かたな》は父上《ちちうえ》に向《む》けることになるやもしれませんよ？」

眉《まゆ》ひとつ動《うご》かさず、そう言《い》ってのけた娘《むすめ》を見《み》て、道三《どうさん》はほくそ笑《え》む。

「さすがはマムシの娘《むすめ》よ。たいしたものじゃ」

道三《どうさん》が満足《まんぞく》げにうなずくと、帰蝶《きちょう》は短刀《たんとう》をかちりと鞘《さや》に収《おさ》めた。


そうして、翌日《よくじつ》、美濃《みの》を発《た》った花嫁行列《はなよめぎょうれつ》は尾張《おわり》に入《はい》り――。

信長《のぶなが》の居城《きょじょう》・那古野城《なごやじょう》にて祝言《しゅうげん》が執《と》り行《おこな》われた。

信長《のぶなが》、十六歳《さい》。帰蝶《きちょう》、十五歳《さい》。

互《たが》いの家《いえ》の戦略《せんりゃく》はさておき、初々《ういうい》しい夫婦《ふうふ》の誕生《たんじょう》である。

おごそかに婚儀《こんぎ》が終《お》わると、信長《のぶなが》の家族《かぞく》や家臣《かしん》たちが集《あつ》まって盛大《せいだい》に祝宴《しゅくえん》が開《ひら》かれ、

「いやあ、実《じつ》にめでたい！」

「このように美《うつく》しい花嫁《はなよめ》をもらうとは……信長様《のぶながさま》は果報者《かほうもの》じゃ」

皆《みな》が皆《みな》、浮《う》かれる中《なか》、信長《のぶなが》の横《よこ》に帰蝶《きちょう》は慎《つつ》ましく座《すわ》っていた。

が――その心中《しんちゅう》は複雑《ふくざつ》なものであった。

（うつけと聞《き》いていたのに……あれは、ただの噂《うわさ》だったのかしら？）

祝言《しゅうげん》の席《せき》だからか信長《のぶなが》は、身《み》なりも髪《かみ》もきちんと整《ととの》えており、堂々《どうどう》としたものであったが、それはそれで、帰蝶《きちょう》はホッとするよりも落胆《らくたん》を覚《おぼ》えていたのである。うつけならうつけで、どれだけ型破《かたやぶ》りな男《おとこ》なのか期待《きたい》していたのだ。

そこへ、とことこと二、三歳《さい》くらいの小《ちい》さな姫《ひめ》がやってきて、帰蝶《きちょう》を見《み》つめてきた。信《のぶ》長《なが》の妹《いもうと》・お市《いち》である。

「あら……」

かわいらしいわね、と帰蝶《きちょう》が微笑《ほほえ》むと、お市《いち》は恥《は》ずかしくなったのか、顔《かお》を赤《あか》らめ、兄《あに》の横《よこ》に回《まわ》り、袖《そで》をぎゅっとつかむ。

「お市《いち》、おまえはもう寝《ね》ていたのではないのか」

信長《のぶなが》は小《ちい》さな妹《いもうと》を抱《だ》き上《あ》げると、あやしながら部屋《へや》の外《そと》へ出《で》ていった。微笑《ほほえ》ましい姿《すがた》ではあったが、これもまた、帰蝶《きちょう》にはつまらない。

（妹思《いもうとおも》いなのね……あの人《ひと》の、いったいどこが〝うつけ〟なの？）

そこへ、守役《もりやく》の政秀《まさひで》があいさつをしに来《き》た。政秀《まさひで》は今回《こんかい》の縁組《えんぐみ》を進《すす》めた立役者《たてやくしゃ》でもあり、帰蝶《きちょう》は美濃《みの》で数回会《すうかいあ》っている。

「帰蝶様《きちょうさま》、なにかお困《こま》りのことがあれば、なんでもこの政秀《まさひで》にお申《もう》しつけください。信長《のぶなが》様《さま》のこと、くれぐれも……くれぐれも！　お頼《たの》み申《もう》します」

（ふーん……）

何度《なんど》も頭《あたま》を下《さ》げる政秀《まさひで》の様子《ようす》から、信長《のぶなが》はやはり、ひと癖《くせ》ありそうだと帰蝶《きちょう》は感《かん》じ……大胆《だいたん》な行動《こうどう》に出《で》たのである。


祝言《しゅうげん》を終《お》えた夜《よる》、晴《は》れて結《むす》ばれた夫婦《ふうふ》は初夜《しょや》を迎《むか》えることになる。

（マムシの娘《むすめ》か。宴《うたげ》の最中《さいちゅう》は、ずっと慎《つつ》ましく下《した》を向《む》いていたが――）

堅苦《かたくる》しい場《ば》から解放《かいほう》され、いつものように髪《かみ》を茶筅《ちゃせん》のかたちに結《ゆ》い、着物《きもの》を着崩《きくず》した信《のぶ》長《なが》が、妻《つま》という存在《そんざい》を持《も》ったことを少々面倒《しょうしょうめんどう》に思《おも》いつつ寝所《しんじょ》に向《む》かい、ふすまをすっと開《あ》けると、敷《し》かれた床《とこ》を前《まえ》に帰蝶《きちょう》が座《すわ》っていた。

（……どういうつもりだ？）

妻《つま》を見《み》るなり、信長《のぶなが》は軽《かる》く眉《まゆ》を跳《は》ね上《あ》げた。

その姿《すがた》は予想《よそう》に反《はん》し、実《じつ》に物騒《ぶっそう》なものだったからだ。花嫁《はなよめ》は恥《は》じらいつつ夫《おっと》を待《ま》っていたのではなく、胸元《むなもと》に短刀《たんとう》を差《さ》していたのである。

「信長様《のぶながさま》、改《あらた》めまして、帰蝶《きちょう》でございます」

「うむ……して、その短刀《たんとう》は俺《おれ》を刺《さ》すためのものか？」

信長《のぶなが》がおもしろそうに笑《わら》うと、帰蝶《きちょう》は臆《おく》することなく言《い》った。

「はい。父《ちち》があなた様《さま》が本当《ほんとう》にうつけであれば、これで仕留《しと》めよ、と」

その挑戦《ちょうせん》するような目《め》を見《み》つめ返《かえ》し、信長《のぶなが》は帰蝶《きちょう》の胸元《むなもと》に手《て》を伸《の》ばした。

「……フン、物騒《ぶっそう》な花嫁道具《はなよめどうぐ》だ」

鞘《さや》から短刀《たんとう》を抜《ぬ》き、帰蝶《きちょう》の鼻先《はなさき》に切《き》っ先《さき》を突《つ》きつける。

それでも、この花嫁《はなよめ》は怯《ひる》むことなく、強《つよ》い目《め》で信長《のぶなが》を見《み》てくる。

「私《わたし》を殺《ころ》したくば、どうぞお好《す》きに」

夫《おっと》となる信長《のぶなが》が本当《ほんとう》にうつけなら、同盟相手《どうめいあいて》としてふさわしくない。帰蝶《きちょう》は美濃《みの》の損《そん》になるようなら、自分《じぶん》の命《いのち》と引《ひ》き換《か》えに止《と》めるつもりなのだ。

しばらくにらみあったのち——信長《のぶなが》は短刀《たんとう》を下《お》ろし、鞘《さや》に戻《もど》した。

「おまえは、この俺《おれ》に負《ま》けず劣《おと》らず、大《おお》うつけだな」

「私《わたし》が、大《おお》うつけだと？」

「ああ、そうだ。おまえはまったく悪《わる》びれず、最初《さいしょ》から手《て》の内《うち》を明《あ》かした。これが大《おお》うつけでなくて、なんであろうか」

「な……」

帰蝶《きちょう》が目《め》をむく。

大胆《だいたん》にして、この勝《か》ち気《き》な嫁《よめ》を信長《のぶなが》は大《おお》いに気《き》に入《い》った。

「さすがは美濃《みの》のマムシの娘《むすめ》。俺《おれ》の嫁《よめ》におとなしい姫《ひめ》は似合《にあ》わぬ。あの真面目《まじめ》な政秀《まさひで》が進《すす》めた縁談《えんだん》だったから、さぞかし慎《つつ》ましやかな姫《ひめ》かと思《おも》っていたのだが……気《き》に入《い》った！　おまえのことはこれから〝濃《のう》〟と呼《よ》ぶことにする」

「濃《のう》？」

いきなり名前《なまえ》を変《か》えられ、帰蝶《きちょう》が眉《まゆ》をひそめる。

「ああ、おまえが美濃《みの》から来《き》たことを忘《わす》れぬように、な。それにおまえはもう俺《おれ》のもの。自分《じぶん》のものに名前《なまえ》をつけてなにが悪《わる》い」

信長《のぶなが》は笑《わら》ってそう言《い》い、ごろりと布団《ふとん》に横《よこ》になった。

妻《つま》の帰蝶《きちょう》——濃《のう》も負《ま》けてはいない。

にっこり笑《わら》って、こう言《い》った。

「〝大《おお》うつけの戯《たわむ》れ〟というわけですね」

どうやら、濃《のう》は信長《のぶなが》の真意《しんい》を見抜《みぬ》いたようだ。

第四章◆織田家《おだけ》の家督《かとく》を継《つ》ぐ

結婚《けっこん》したら、少《すこ》しは落《お》ち着《つ》くかもしれない。

平手政秀《ひらてまさひで》の願《ねが》いは、あっけなく打《う》ち砕《くだ》かれた。

妻《つま》を持《も》っても信長《のぶなが》の奔放《ほんぽう》ぶりは収《おさ》まらず、朝夕《あさゆう》は馬《うま》を乗《の》り回《まわ》し、鷹狩《たかが》りに出《で》ては野《の》を駆《か》け、春《はる》から秋《あき》のはじめにかけては川《かわ》で泳《およ》ぐ。

それは昔《むかし》から続《つづ》いていることなのでもうあきらめているが、相変《あいか》わらず、袖《そで》なしの着物《きもの》に帯代《おびが》わりの荒縄《あらなわ》を締《し》め、ぼさぼさの茶筅髪《ちゃせんがみ》を揺《ゆ》らして町《まち》をぶらつくという奇行《きこう》は、まったく改《あらた》まる気配《けはい》がない。

正室《せいしつ》の濃《のう》は特《とく》に諫《いさ》めることもせず、遊《あそ》んで帰《かえ》ってきた信長《のぶなが》を、いつもおだやかな笑顔《えがお》で迎《むか》えている。夫婦円満《ふうふえんまん》なのは良《よ》いことだが――。

（このままでは、弟《おとうと》の信行様《のぶゆきさま》に織田家《おだけ》の家督《かとく》を、という声《こえ》が一層《いっそう》強《つよ》くなってしまうのではないか）

と政秀《まさひで》の不安《ふあん》はますます深《ふか》まるばかりである。

乳兄弟《ちきょうだい》で小姓《こしょう》の池田恒興《いけだつねおき》（かつての勝三郎《しょうさぶろう》）にも、信長《のぶなが》が大《だい》それたことをしないように
と事《こと》あるごとに頼《たの》んではいるが、あまり効果《こうか》はなく……。

政秀《まさひで》の懸念《けねん》は、信長《のぶなが》が結婚《けっこん》してから三年後《ねんご》——。

信秀《のぶひで》の葬儀《そうぎ》の日《ひ》に、的中《てきちゅう》してしまったのだ。


天文二十一年《てんぶんにじゅういちねん》（一五五二年《ねん》）三月三日《がっか》。

流行《はや》り病《やまい》で亡《な》くなった父《ちち》・信秀《のぶひで》の葬儀《そうぎ》が、万松寺《ばんしょうじ》にて行《おこな》われた。

（信秀様《のぶひでさま》……さぞ無念《むねん》でございましたでしょうな）

尾張統一《おわりとういつ》を果《は》たせず、志半《こころざしなか》ばで病《やまい》に倒《たお》れた主君《しゅくん》の死《し》を、政秀《まさひで》は悼《いた》み唇《くちびる》を噛《か》む。

しかし、その一方《いっぽう》で政秀《まさひで》の心《こころ》は落《お》ち着《つ》かなかった。

喪主《もしゅ》であるはずの信長《のぶなが》が、まだ来《こ》ないのだ。

いつもどこをほっつき歩《ある》いているかわからない信長《のぶなが》も、さすがに父親《ちちおや》の葬儀《そうぎ》となればお

となしく参列《さんれつ》するはずだと思《おも》っていたのだが……。

正室《せいしつ》の濃《のう》も、母《はは》の土田御前《どたごぜん》も、まだ幼《おさな》い妹《いもうと》のお市《いち》も、皆《みな》、信長《のぶなが》のことを気《き》にして、時折《ときおり》、顔《かお》を上《あ》げて御堂《みどう》の入《い》り口《ぐち》を見《み》ている。

(信長様《のぶながさま》は、いったいどうされたのだ……！)

恒興《つねおき》が探《さが》しに行《い》っているようだが、まだ戻《もど》ってこないところを見《み》ると、なかなか見《み》つからないのだろう。

すると、僧侶《そうりょ》たちのお経《きょう》が御堂《みどう》いっぱいに響《ひび》く中《なか》、家臣《かしん》たちがひそひそと話《はな》しているのが聞《き》こえてきた。

「信長様《のぶながさま》は？」

「このままでは喪主《もしゅ》がいないまま、葬儀《そうぎ》を終《お》えてしまうぞ」

「政秀殿《まさひでどの》、ご存《ぞん》じないのか？」

皆《みな》の声《こえ》がいらだっている。

信秀《のぶひで》が亡《な》くなった今《いま》、織田家《おだけ》の当主《とうしゅ》は嫡男《ちゃくなん》の信長《のぶなが》だ。さすがに織田家《おだけ》を背負《せお》う身《み》となれば奇行《きこう》も収《おさ》まるかと皆《みな》も思《おも》っていたのだが——。

「こんなときに……本当《ほんとう》に困《こま》った子《こ》」

土田御前《どたごぜん》がため息《いき》をつき、濃《のう》も気《き》まずそうにうつむく。

「そろそろ来《こ》られると思《おも》うのじゃが……」

政秀《まさひで》は確証《かくしょう》のないままつぶやき、何度《なんど》も入《い》り口《ぐち》を振《ふ》り返《かえ》る。

しばらくして、ようやく信長《のぶなが》の到着《とうちゃく》となったが――。

「な……!」

その姿《すがた》を見《み》るなり、参列者《さんれつしゃ》たちは皆《みな》、あっけにとられて目《め》を丸《まる》くした。

なぜなら、信長《のぶなが》がいつものようなうつけ姿《すがた》で現《あらわ》れたからだ。

「の、信長様《のぶながさま》……!」

政秀《まさひで》があわてて腰《こし》を上《あ》げ、この場《ば》からいったん退《しりぞ》かせようと思《おも》ったとき、信長《のぶなが》はさらに驚《おどろ》く行動《こうどう》に出《で》た。

ずかずかと仏前《ぶつぜん》に進《すす》んだかと思《おも》うと、抹香《まっこう》をつかみ取《と》り、父《ちち》の位牌《いはい》に向《む》かって投《な》げつけたのだ。

そのとたん、御堂《みどう》の中《なか》は、しーん……と静《しず》まり返《かえ》った。

お経《きょう》を上《あ》げていた僧侶《そうりょ》たちも、信長《のぶなが》はまだかといらだっていた家臣《かしん》たちも、心配《しんぱい》していた織田家《おだけ》の家族《かぞく》たちも皆《みな》、突拍子《とっぴょうし》もない出来事《できごと》にすぐに声《こえ》が出《で》ない。

信長《のぶなが》はなにも言《い》わず、位牌《いはい》をじっと見《み》つめていたが——。

やがて踵《きびす》を返《かえ》し、御堂《みどう》から出《で》ていった。

「信長様《のぶながさま》！」

我《われ》に返《かえ》った政秀《まさひで》が、あわててあとを追《お》いかける。

「お戻《もど》りください、信長様《のぶながさま》！」

しかし、信長《のぶなが》は構《かま》わず馬《うま》に乗《の》り、

「弔《とむら》いは済《す》んだ。あとはまかせる」

と言《い》い残《のこ》し、去《さ》ってしまった。

「信長様《のぶながさま》——っ！」

この年《とし》の正月《しょうがつ》に小姓《こしょう》となった十四歳《さい》の前田犬千代《まえだいぬちよ》（のちの利家《としいえ》）が政秀《まさひで》に一礼《いちれい》し、信長《のぶなが》のあとを追《お》っていく。信長《のぶなが》がひとりにならないことに安心《あんしん》はしたが、

（そんなに、お父上《ちちうえ》のことがお嫌《きら》いだったのですか……？）

抹香《まっこう》を投《な》げつけるという異様《いよう》な行動《こうどう》を思《おも》い出《だ》し、政秀《まさひで》は肩《かた》を落《お》とす。

すぐに葬儀《そうぎ》の場《ば》に戻《もど》る気《き》にはなれなかった。

一方《いっぽう》、御堂《みどう》の中《なか》で一部始終《いちぶしじゅう》を見《み》ていた正室《せいしつ》の濃《のう》は——。

(信長様《のぶながさま》……)

先《さき》ほどまでの焦《あせ》りも消《き》え、落《お》ち着《つ》いた様子《ようす》で座《すわ》っていた。踵《きびす》を返《かえ》したとき、信長《のぶなが》の目《め》に一瞬《いっしゅん》、涙《なみだ》が光《ひか》って見《み》えたような気《き》がしたからだ。

(思《おも》い違《ちが》いかもしれないけれど、信長様《のぶながさま》はお父上《ちちうえ》の死《し》を、とても悲《かな》しんでいらっしゃるんだわ……)

濃《のう》はそう思《おも》い、追《お》いかけていって声《こえ》をかけるような真似《まね》をせず、そっとしておくことにしたのである。

しかし、先《さき》ほどの信長《のぶなが》の奇行《きこう》に、家臣《かしん》たちはさらに不快《ふかい》をあらわにした。

「お父上《ちちうえ》の葬儀《そうぎ》だというのに、あの振《ふ》る舞《ま》い……」

「やっと現《あらわ》れたと思《おも》うたら——」

「うつけにもほどがあるぞ」

御堂《みどう》にざわめきが広《ひろ》がる中《なか》、

「静《しず》かにせよ」

と咎《とが》める声《こえ》が上《あ》がった。

信長《のぶなが》の弟《おとうと》――信行《のぶゆき》である。きりり、と引《ひ》き締《し》まったその顔《かお》は、うつけの兄《あに》とは正反対《せいはんたい》である。

「兄上《あにうえ》はあれでも、父上《ちちうえ》の死《し》を悼《いた》んでおられるのだ。ただそれが、子《こ》どもじみたやり方《かた》になってしまっただけだ」

(血《ち》のつながった弟君《おとうとぎみ》だけに、信長様《のぶながさま》のお心《こころ》のうちをわかっていらっしゃるのね)

けれど、家臣《かしん》たちは濃《のう》と同《おな》じようには考《かんが》えなかった。

信行《のぶゆき》の守役《もりやく》・柴田勝家《しばたかついえ》が、

「さすがは信行様《のぶゆきさま》。落《お》ち着《つ》き払《はら》っていらっしゃる」

と、すかさず信行《のぶゆき》を持《も》ち上《あ》げたからだ。

ふたたび、ざわめきが広《ひろ》がり、

「やはり、跡継《あとつ》ぎは信行様《のぶゆきさま》のほうがよかったのではないか？」

「ああ、わしもそう思《おも》う」

何人《なんにん》かの家臣《かしん》たちがうなずき合《あ》い、折《お》り目正《めただ》しい信行《のぶゆき》を見《み》つめた。

こうして、争《あらそ》いの火種《ひだね》を抱《かか》えつつ、織田家《おだけ》は新《あら》たな時代《じだい》に突入《とつにゅう》したのである。

◆◆◆

尾張統一《おわりとういつ》を目指《めざ》していた信秀《のぶひで》は、今《いま》や駿河《するが》・遠江《とおとうみ》・三河《みかわ》を統《す》べる今川《いまがわ》だけでなく、尾張《おわり》国内《こくない》にも敵《てき》が多《おお》かった。

信秀《のぶひで》という主柱《しゅちゅう》を失《うしな》った織田《おだ》は嫡男《ちゃくなん》の信長《のぶなが》が継《つ》いだが、まだ十九歳《さい》と若《わか》く〝大《おお》うつけ〟と噂《うわさ》の信長《のぶなが》を侮《あなど》り、早《はや》くも翌月《よくげつ》、家臣《かしん》が裏切《うらぎ》るという事態《じたい》が起《お》きた。

四月《がつ》十七日《にち》に起《お》きた「赤塚《あかつか》の戦《たたか》い」である。

鳴海城《なるみじょう》をまかされていた山口教継《やまぐちのりつぐ》・教吉《のりよし》父子《おやこ》が今川義元《いまがわよしもと》に寝返《ねがえ》り、反旗《はんき》を翻《ひるがえ》したのだ。

この戦《たたか》いは辛《から》くも引《ひ》き分《わ》けに終《お》わったが、一刻《いっとき》（二時間《じかん》）あまりの乱戦《らんせん》で、信長《のぶなが》はその強《つよ》さを充分《じゅうぶん》、今川《いまがわ》に見《み》せつけた。

八月《がつ》には清須織田家《きよすおだけ》で実権《じっけん》を握《にぎ》る重臣《じゅうしん》の坂井大膳《さかいだいぜん》が兵《へい》を挙《あ》げ、清須城《きよすじょう》の南《みなみ》の萱津《かやづ》で戦《いくさ》となった。〝大《おお》うつけ〟と噂《うわさ》の信長《のぶなが》が家督《かとく》を継《つ》いで間《ま》もないことを好機《こうき》ととらえ、織田《おだ》を潰《つぶ》しにかかってきたのだ。

この「萱津《かやづ》の戦《たたか》い」では、まだ元服前《げんぷくまえ》の小姓《こしょう》——犬千代《いぬちよ》が目覚《めざ》ましい働《はたら》きを見《み》せた。

これが初陣《ういじん》だというのに、槍《やり》を振《ふ》り回《まわ》して乱戦《らんせん》の最中《さなか》に飛《と》び込《こ》み、戦場《せんじょう》を駆《か》け回《まわ》って敵《てき》の首《くび》をひとつ取《と》ってきたのだ。

「萱津《かやづ》の戦《たたか》い」は信長《のぶなが》の圧勝《あっしょう》に終《お》わり——。

犬千代《いぬちよ》の戦《たたか》いぶりに気《き》を良《よ》くした信長《のぶなが》は、さっそく元服《げんぷく》を申《もう》しつけた。

「おまえは肝《きも》に毛《け》が生《は》えておるのだな。皆《みな》もご苦労《くろう》であった、今宵《こよい》は存分《ぞんぶん》に飲《の》め！」

「おお——っ」

勝利《しょうり》の宴《うたげ》の間《あいだ》、信長《のぶなが》は終始《しゅうし》、機嫌《きげん》が良《よ》かった。

「信長様《のぶながさま》、おめでとうございます」

濃《のう》が盃《さかずき》に酒《さけ》を注《つ》ごうとすると、「俺《おれ》はいい」と信長《のぶなが》は止《と》めた。

「なぜですか？　祝《いわ》いのお酒《さけ》ですのに」

「……実《じつ》はな、あまり強《つよ》くないのだ。俺《おれ》はいいから、皆《みな》をねぎらってやってくれ」

少《すこ》し恥《は》ずかしそうにそっぽを向《む》いた信長《のぶなが》の耳《みみ》は、心《こころ》なしか赤《あか》くなっている。

「ふふっ……わかりました、行《い》ってまいります」

にっこり笑《わら》って、濃《のう》は酒器《しゅき》を手《て》に家臣《かしん》たちの間《あいだ》をねぎらって回《まわ》った。

（皆《みな》が皆《みな》、信長様《のぶながさま》を信《しん》じてついてきている……。だから、きっと大丈夫《だいじょうぶ》。信長様《のぶながさま》のもと、

織田《おだ》はもっと強《つよ》くなる）

尾張統一《おわりとういつ》は近《ちか》い。

濃《のう》はそう信《しん》じたが、信長《のぶなが》のうつけぶりはその後《ご》もいっこうに収《おさ》まらず――。

（まだ時機《じき》ではない、ということかしら……？）

さすがの濃《のう》も少《すこ》し不安《ふあん》になってきたが、一方《いっぽう》、信長《のぶなが》の真意《しんい》が見《み》えていない守役《もりやく》の政秀《まさひで》は、大《おお》きく責任《せきにん》を感《かん》じていた。

（信長様《のぶながさま》の周《まわ》りは相変《あいか》わらず敵《てき》だらけ……。このままでは尾張統一《おわりとういつ》などは夢《ゆめ》のまた夢《ゆめ》ぞ。けれど、信長様《のぶながさま》はいくら口《くち》を酸《す》っぱくして言《い》っても、このじいの言《い》うことなど聞《き》き入《い》れてくださらぬ……。なんとか改心《かいしん》していただかねば）

政秀《まさひで》は命《いのち》がけで信長《のぶなが》に訴《うった》え出《で》ることにし――。

「うつけをお改《あらた》めください」と遺書《いしょ》をしたため、翌年《よくとし》の天文《てんぶん》二十二年《ねん》（一五五三年《ねん》）閏《うるう》一月十三日《がつにち》、腹《はら》を切《き》ってしまったのである。

第五章◆斎藤道三《さいとうどうさん》と会見《かいけん》する

守役《もりやく》・平手政秀《ひらてまさひで》の死《し》は、信長《のぶなが》を深《ふか》い悲《かな》しみの淵《ふち》に突《つ》き落《お》とした。

（じい……なんと早《はや》まったことを）

しかし、信長《のぶなが》は思《おも》うところがあり、その後《ご》もうつけ姿《すがた》を改《あらた》めようとはせず……。

世間《せけん》はそんな信長《のぶなが》に対《たい》し、ますます「織田《おだ》の殿様《とのさま》は大《おお》うつけだ」と噂《うわさ》した。

しかし、美濃《みの》にひとり、信長《のぶなが》に大《おお》いに興味《きょうみ》を持《も》った人物《じんぶつ》がいた。

信長《のぶなが》の正室《せいしつ》・濃《のう》の実父《じっぷ》——つまり、信長《のぶなが》の義父《ぎふ》にあたる斎藤道三《さいとうどうさん》である。

（帰蝶《きちょう》が織田《おだ》に嫁《とつ》いで四年《ねん》、いっこうに〝信長《のぶなが》を仕留《しと》めた〟という知《し》らせが来《こ》ない……ということは、信長《のぶなが》は本当《ほんとう》は〝大《おお》うつけ〟ではないということか）

「おもしろい。ならば、一度《いちど》、顔《かお》を見《み》てやろう」

道三《どうさん》はさっそく、

「織田《おだ》の家督《かとく》を継《つ》いだ信長殿《のぶながどの》に、ぜひお会《あ》いしたい」

という旨《むね》の書状《しょじょう》をしたため、織田《おだ》へ使者《ししゃ》を走《はし》らせた。

この時代《じだい》、義理《ぎり》の親子《おやこ》となっても、実際《じっさい》に顔《かお》を合《あ》わせるのは稀《まれ》なこと。

織田《おだ》の家臣《かしん》たちは、当然《とうぜん》、警戒《けいかい》した。

「道三《どうさん》はその昔《むかし》、娘婿《むすめむこ》をふたり殺《ころ》したといいます」

「まさか、信長様《のぶながさま》のことも葬《ほうむ》るつもりでは――」

政秀《まさひで》の死後《しご》、織田《おだ》の家中《かちゅう》は揺《ゆ》れている。その混乱《こんらん》に乗《じょう》じて、信長《のぶなが》を亡《な》き者《もの》にし、尾張《おわり》への進出《しんしゅつ》を謀《はか》ろうとしているのではないか、と家臣《かしん》たちは思《おも》ったのだが。

信長《のぶなが》は笑《わら》って、取《と》り合《あ》わなかった。

「美濃《みの》のマムシが俺《おれ》を食《く》らおうというのなら、俺《おれ》はその腹《はら》を食《く》い破《やぶ》るまでよ」

かくして、天文《てんぶん》二十二年《ねん》（一五五三年《ねん》）四月《がつ》。

尾張《おわり》と美濃《みの》の国境《くにざかい》に位置《いち》する正徳寺《しょうとくじ》にて、会見《かいけん》が開《ひら》かれる運《はこ》びとなった。この寺《てら》のある場所《ばしょ》は富田《とみだ》という、いわば美濃《みの》と尾張《おわり》の中立地帯《ちゅうりつちたい》だ。

会見《かいけん》の当日《とうじつ》、見送《みおく》りに出《で》た濃《のう》は軽《かる》く目《め》を見開《みひら》いた。

「信長様《のぶながさま》、その格好《かっこう》で出《で》かけるのですか？」

「ああ、このほうが楽《らく》だからな」

いつもと変《か》わらず、うつけ姿《すがた》の夫《おっと》を見《み》て、濃《のう》は微笑《ほほえ》んだ。

「ふふ、あなた様《さま》らしいですね」

「そうやって、笑《わら》って見《み》ていられるのは、おまえくらいだな」

「マムシの毒《どく》にやられないよう、お気《き》をつけて」

「ははは、行《い》ってくる」

信長《のぶなが》は上機嫌《じょうきげん》で、出《で》かけていった。

◆◆◆

一方《いっぽう》――。

一足早《ひとあしはや》く富田《とみだ》に到着《とうちゃく》した道三《どうさん》は、会見場所《かいけんばしょ》の正徳寺《しょうとくじ》ではなく、町《まち》はずれの小屋《こや》に身《み》を潜《ひそ》めていた。

（信長《のぶなが》がどんなやつか先《さき》に見《み》てやろう）

と思《おも》い、ここで織田《おだ》の行列《ぎょうれつ》が来《く》るのを待《ま》つことにしたのだ。

やがて、行軍《こうぐん》の音《おと》が聞《き》こえ――。

「来《き》たか」

道三《どうさん》は板壁《いたかべ》の隙間《すきま》から外《そと》をのぞき見《み》したとたん、目《め》をむいた。

（ほう、あれが婿殿《むこどの》か）

馬上《ばじょう》の信長《のぶなが》は噂《うわさ》どおり、うつけの格好《かっこう》をしていた。

ぼさぼさの茶筅髪《ちゃせんがみ》を揺《ゆ》らし、湯帷子《ゆかたびら》の袖《そで》を外《はず》して着崩《きくず》し、手首《てくび》には太《ふと》い麻縄《あさなわ》を巻《ま》き、腕《うで》輪《わ》にしていた。腰《こし》には火打《ひう》ち袋《ぶくろ》や瓢箪《ひょうたん》をいくつもぶらさげて、虎皮《とらがわ》と豹皮《ひょうがわ》を張《は》り合《あ》わせた、ひざ丈《たけ》の半袴《はんばかま》を穿《は》いている。

腰《こし》に差《さ》した朱色《しゅいろ》の太刀《たち》と脇差《わきざ》しも、武士《ぶし》らしからぬ派手《はで》さだ。

信長《のぶなが》はこのように、見《み》るからに〝大《おお》うつけ〟を地《じ》で行《い》く格好《かっこう》をしていたが、道三《どうさん》の目《め》は節穴《ふしあな》ではなかった。

（あの槍《やり》は美濃《みの》のものよりも長《なが》い……）

信長《のぶなが》が供《とも》に引《ひ》き連《つ》れてきた長槍隊《ながやりたい》と鉄砲隊《てっぽうたい》は合《あ》わせて五百《ひゃく》ばかり。そのうち、長槍隊《ながやりたい》が持《も》つ槍《やり》は常識破《じょうしきやぶ》りの長《なが》さであった。

（美濃《みの》より尾張《おわり》のほうが、兵力《へいりょく》が上回《うわまわ》っている、と言《い》いたいのか。これはおもしろくなりそうだ）

「殿《との》、そろそろ……」

付《つ》き従《したが》ってきた家臣《かしん》の促《うなが》す声《こえ》に、道三《どうさん》はこっそりと小屋《こや》を出《で》た。

道三《どうさん》が正徳寺《しょうとくじ》に着《つ》くと、信長《のぶなが》は先《さき》に会見場所《かいけんばしょ》で待《ま》っていた。

遅《おく》れて部屋《へや》に入《はい》った道三《どうさん》は、信長《のぶなが》の格好《かっこう》を見《み》るなり、ふたたび目《め》をむいた。

(これはまた、ずいぶんと変《か》わったものよ)

先《さき》ほど見《み》た、うつけ姿《すがた》はどこへやら。

ぼさぼさの茶筅髪《ちゃせんがみ》は立派《りっぱ》な髷《まげ》に整《ととの》えられ、虎《とら》と豹《ひょう》の皮《かわ》を合《あ》わせた半袴《はんばかま》は褐色《かちいろ》の長袴《ながばかま》に改《あらた》められている。

しかし、信長《のぶなが》は義父《ぎふ》である道三《どうさん》が入《はい》ってきたというのに、柱《はしら》にもたれかかって立《た》ったままで、礼《れい》を取《と》ろうとしない。

(敢《あ》えて無礼《ぶれい》な態度《たいど》を取《と》り、こちらの出方《でかた》を量《はか》っているのか)

道三《どうさん》はなにも言《い》わず、悠然《ゆうぜん》と席《せき》に着《つ》く。

それでも、信長《のぶなが》は動《うご》かない。

しばし、時《とき》が流《なが》れ——。

たまりかねた道三《どうさん》の家臣《かしん》が、

「こちらは斎藤山城守道三様《さいとうやましろのかみどうさんさま》でございます」

と言《い》うと、信長《のぶなが》は、

「――で、あるか」

とうなずき、やっと向《む》かいの席《せき》に着《つ》いた。

信長《のぶなが》は二十歳《はたち》。道三《どうさん》は六十歳《さい》。

四十歳《さい》もの年《とし》の差《さ》を前《まえ》にしても、信長《のぶなが》は怯《ひる》む様子《ようす》がない。しかも、よく見《み》れば信長《のぶなが》は鼻《はな》筋《すじ》の通《とお》った、なかなかの美男《びなん》であった。今《いま》の信長《のぶなが》を見《み》れば、誰《だれ》も〝大《おお》うつけ〟だとは思《おも》わないだろう。

(やはり、うつけは世《よ》を欺《あざむ》くためのものであったか)

信長《のぶなが》の妻《つま》となった娘《むすめ》の帰蝶《きちょう》――濃《のう》はそれを見抜《みぬ》いているに違《ちが》いない。

「婿殿《むこどの》、会《あ》えてうれしいぞ」

「私《わたし》は昨年《さくねん》、父《ちち》を亡《な》くしたばかり……。こうして、もうひとりの父上《ちちうえ》にお目《め》にかかれて、大変《たいへん》うれしく思《おも》います」

ふたりは盃《さかずき》を交《か》わし、しばし歓談《かんだん》した。

こうして、会見《かいけん》は無事《ぶじ》に終了《しゅうりょう》し……。

「婿殿《むこどの》、また会《あ》おうぞ」

「ええ、ふたたびお会《あ》いできる日《ひ》を楽《たの》しみにしております」

道三《どうさん》は信長《のぶなが》に見送《みおく》られ、富田《とみだ》をあとにした。

しかし、先《さき》ほどまで上機嫌《じょうきげん》だった道三《どうさん》は、美濃《みの》に近《ちか》づくにつれ、どんどん険《けわ》しい目《め》つきになっていく。

家臣《かしん》のひとりが機嫌《きげん》を取《と》ろうと思《おも》い、

「やはり、信長殿《のぶながどの》はうつけでございましたな」

と言《い》ったが、道三《どうさん》は首《くび》を振《ふ》った。

「信長《のぶなが》は底知《そこし》れぬ。わしの息子《むすこ》たちはいずれ、あのうつけの家来《けらい》になるであろうよ」

道三《どうさん》は一度会《いちどあ》っただけで、信長《のぶなが》の本質《ほんしつ》を見抜《みぬ》いたのだ。


一方《いっぽう》の信長《のぶなが》は、実《じつ》に楽《たの》しそうな顔《かお》で那古野城《なごやじょう》へ戻《もど》った。

「濃《のう》、美濃《みの》のマムシは大《おお》きな方《かた》だな」

「あら、違《ちが》った意味《いみ》で、マムシの毒《どく》にやられたようですね」

「ああ、またの再会《さいかい》を約束《やくそく》してきた。次《つぎ》にお会《あ》いするのが楽《たの》しみだ」

信長《のぶなが》と道三《どうさん》の間《あいだ》には、世代《せだい》を超《こ》えた友情《ゆうじょう》のようなものが芽生《めば》えていたのだ。

それを感《かん》じ、濃《のう》が微笑《ほほえ》む。

（これで尾張《おわり》と美濃《みの》の同盟《どうめい》は、揺《ゆ》るぎないものになったわね）

そして、翌年《よくとし》の天文《てんぶん》二十三年《ねん》（一五五四年《ねん》）一月《がつ》、早《はや》くもふたりの絆《きずな》が固《かた》いことを証明《しょうめい》する機会《きかい》が訪《おとず》れた。

今川義元《いまがわよしもと》が尾張《おわり》への侵攻《しんこう》を進《すす》めてきたのである。

第六章◆村木砦《むらきとりで》の戦《たたか》い

長年《ながねん》の宿敵《しゅくてき》・織田信秀《おだのぶひで》が亡《な》くなった今《いま》、尾張《おわり》を攻《せ》めるには絶好《ぜっこう》の機会《きかい》と思《おも》われた。

「信秀《のぶひで》の息子《むすこ》は〝大《おお》うつけ〟と聞《き》く。尾張《おわり》へ進《すす》むのは今《いま》だ」

今川義元《いまがわよしもと》は今《いま》や、駿河《するが》・遠江《とおとうみ》・三河《みかわ》の三国《さんごく》を統《す》べる大大名《だいだいみょう》――太守《たいしゅ》となっていた。その野望《やぼう》は尽《つ》きることなく、さらに西《にし》へと領土拡大《りょうどかくだい》を企《たくら》んでいたのだ。

今川《いまがわ》は大軍《たいぐん》。

が、迎《むか》え討《う》つ織田《おだ》は兵力《へいりょく》が足《た》りない。

尾張統一《おわりとういつ》もままならぬ今《いま》、全軍《ぜんぐん》を今川《いまがわ》との戦《いくさ》に投入《とうにゅう》するのは危険《きけん》だ。尾張《おわり》ではいまだに織田《おだ》の同族争《どうぞくあらそ》いが続《つづ》いている。そのため、信長《のぶなが》の留守《るす》を狙《ねら》って、敵対《てきたい》している尾張下四郡《おわりしもよんごおり》の守護代《しゅごだい》・織田信友《おだのぶとも》が那古野《なごや》へ攻《せ》めてくる可能性《かのうせい》がある。

そこで信長《のぶなが》は同盟国《どうめいこく》である美濃《みの》を頼《たよ》ることにした。

義父《ぎふ》・斎藤道三《さいとうどうさん》に援軍《えんぐん》を要請《ようせい》したのである。

(婿殿《むこどの》の手並《てな》みを拝見《はいけん》するか)

道三《どうさん》はすぐに重臣《じゅうしん》の安藤守就《あんどうもりなり》に命《めい》じ、一千《せん》もの兵《へい》をつけて尾張《おわり》へ向《む》かわせた。

守就《もりなり》が信長《のぶなが》の居城《きょじょう》・那古野城《なごやじょう》の近《ちか》くに布陣《ふじん》すると、さっそく信長《のぶなが》が訪《おとず》れ、

「留守《るす》の間《あいだ》、城《しろ》を守《まも》っていただきたい」

と言《い》った。

「え……? しかし、我《われ》らは援軍《えんぐん》として——」

驚《おどろ》く守就《もりなり》に、信長《のぶなが》はこう続《つづ》けた。

「城《しろ》を守《まも》ってもらえれば、心置《こころお》きなく戦《たたか》えるというもの。では、頼《たの》む」

自身《じしん》の城《しろ》を他国《たこく》の武将《ぶしょう》に預《あず》けるなど、聞《き》いたことがない。

守就《もりなり》があっけにとられていると、今度《こんど》は正室《せいしつ》の濃《のう》が美濃《みの》からの援軍《えんぐん》をねぎらいにやって

きた。

「守就《もりなり》、ご苦労《くろう》でしたね」

「これは帰蝶様《きちょうさま》……いえ、今《いま》はお濃《のう》の方様《かたさま》でございましたな。とんでもありませぬ。しかし、信長様《のぶながさま》は変《か》わったお方《かた》ですな。いくら奥方《おくがた》の実家《じっか》とはいえ、他国《たこく》の軍《ぐん》に自身《じしん》の居城《きょじょう》を預《あず》けるなど――」

「ふふっ、とんだ〝うつけ〟でしょう?」

楽《たの》しそうに、濃《のう》が微笑《ほほえ》む。

信長《のぶなが》は敢《あ》えて守就《もりなり》に城《しろ》の守《まも》りをまかせることによって、道三《どうさん》への信頼《しんらい》を示《しめ》したのだ。

◆◆◆

しかし――。

美濃《みの》との関係《かんけい》はいっそう深《ふか》まったものの、信長《のぶなが》はいきなり困難《こんなん》にぶち当《あ》たった。

家老《かろう》の林秀貞《はやしひでさだ》・通具兄弟《みちともきょうだい》が出陣《しゅつじん》を拒否《きょひ》したのだ。家督《かとく》を継《つ》いだばかりの信長《のぶなが》にはまだ家中《かちゅう》をまとめる力《ちから》がなかったのである。

「いかがいたしますか、信長様《のぶながさま》」

「このままでは……」

ともに出陣《しゅつじん》してきた家臣《かしん》たちの間《あいだ》に動揺《どうよう》が広《ひろ》がったが、信長《のぶなが》は「かまわぬ」と平然《へいぜん》とした顔《かお》をしてみせた。

「そんなやつらがいては、逆《ぎゃく》に士気《しき》が下《さ》がる。放《ほう》っておけ」

翌日《よくじつ》、水野信元《みずののぶもと》が守《まも》る緒川城《おがわじょう》を救《すく》うべく、信長《のぶなが》は船《ふね》で向《む》かうことにした。陸路《りくろ》を進《すす》んで今川《いまがわ》の軍《ぐん》が築《きず》いた村木砦《むらきとりで》を攻略《こうりゃく》しようにも、その途上《とじょう》にある鳴海城《なるみじょう》は、城《しろ》を守《まも》っていた山口父子《やまぐちおやこ》が信秀《のぶひで》の死《し》の翌月《よくげつ》に今川《いまがわ》に寝返《ねがえ》り、いまだ裏切《うらぎ》り者《もの》の手《て》にあるからだ。

なので、海《うみ》から向《む》かうしか方法《ほうほう》がないのだが――。

翌日《よくじつ》は暴風《ぼうふう》となってしまった。出航《しゅっこう》は誰《だれ》がどう見《み》ても困難《こんなん》であるが、信長《のぶなが》は「行《い》く」と言《い》い張《は》った。

「信長様《のぶながさま》、危《あぶ》のうございます！」

「風《かぜ》が止《や》むのを待《ま》つしかありません」

「なにを言《い》う！　事《こと》は一刻《いっこく》を争《あらそ》うのだぞ⁉」

緒川城《おがわじょう》を守《まも》る信元《のぶもと》は、周囲《しゅうい》を今川勢《いまがわぜい》に囲《かこ》まれ、完全《かんぜん》に孤立《こりつ》している。すぐにでも援軍《えんぐん》に、と焦《あせ》る信長《のぶなが》を、家臣《かしん》たちは諫《いさ》めにかかる。

「この風《かぜ》では船《ふね》が転覆《てんぷく》してしまいます！」

「ここはじっと耐《た》えるしか……」

しかし、信長《のぶなが》は「黙《だま》れ！」と大喝《だいかつ》し、こう言《い》い放《はな》った。

「平安《へいあん》の昔《むかし》、源義経《みなもとのよしつね》と梶原景時《かじわらのかげとき》が逆櫓《さかろ》で言《い》い争《あらそ》ったときも、このような天候《てんこう》だったという！　それでも義経《よしつね》は無事《ぶじ》に海《うみ》を渡《わた》ったのだ！　だから、俺《おれ》にできないはずがない！」

信長《のぶなが》がたとえに出《だ》した「逆櫓《さかろ》」とは、「平家物語《へいけものがたり》」の中《なか》でも有名《ゆうめい》な話《はなし》のひとつだ。都《みやこ》を落《お》ちて四国《しこく》へ逃《のが》れた平家《へいけ》を討《う》つべく、義経《よしつね》が摂津《せっつ》の港《みなと》から船《ふね》を出《だ》そうとしたとき、軍奉行《いくさぶぎょう》の景時《かげとき》が「すぐにでも退却《たいきゃく》できるよう逆櫓《さかろ》をつけるべき」と進言《しんげん》した。平家《へいけ》は水軍《すいぐん》に長《た》け、海戦《かいせん》を得意《とくい》としていたからである。

が、義経《よしつね》は、

「最初《さいしょ》から逃《に》げることを考《かんが》えるなど縁起《えんぎ》が悪《わる》い。私《わたし》は前《まえ》に進《すす》むことしか考《かんが》えぬ！」

と言《い》い放《はな》ち、これを拒否《きょひ》した。

揉《も》めた挙《あ》げ句《く》、船出《ふなで》しようとすると、今度《こんど》は暴風雨《ぼうふうう》となり、出航《しゅっこう》が危《あや》ぶまれた。当然《とうぜん》、景時《かげとき》は渡航《とこう》に反対《はんたい》したが、義経《よしつね》はわずか五艘《そう》の船《ふね》で出発《しゅっぱつ》して、六日間《かかん》はかかる行程《こうてい》を半日《はんにち》もかからずに四国《しこく》へ渡《わた》り、屋島《やしま》にいた平家《へいけ》への奇襲《きしゅう》に成功《せいこう》したのである。

が、それは五百年近《ひゃくねんちか》くも過去《かこ》の話《はなし》だ。

「義経《よしつね》はうまくいったからいいようなものの、下手《へた》をすれば海《うみ》の藻屑《もくず》となりますぞ！」

「ここはやはり、風《かぜ》が収《おさ》まるのを待《ま》ってから船《ふね》を出《だ》すべきかと」

「ええい！　どいつもこいつも！　織田《おだ》には臆病者《おくびょうもの》しかおらぬのか！」

「し、しかし……船頭《せんどう》たちも危険《きけん》だと……」

船《ふね》を動《うご》かすのは刀《かたな》を持《も》った武士《ぶし》ではなく、船頭《せんどう》や水夫《すいふ》だ。

すると、尻込《しりご》みする船頭《せんどう》や水夫《すいふ》たちに信長《のぶなが》は強気《つよき》で怒鳴《どな》った。


「俺《おれ》を信《しん》じろ！　さあ、船《ふね》を出《だ》せ！」


こうして、暴風《ぼうふう》の中《なか》、信長率《のぶながひき》いる織田軍《おだぐん》は荒波《あらなみ》へと漕《こ》ぎ出《だ》し……。

無事《ぶじ》に海《うみ》を渡《わた》りきって、信元《のぶもと》が守《まも》る緒川城《おがわじょう》にたどり着《つ》いた。

「信長様《のぶながさま》！」

「信元《のぶもと》、待《ま》たせたな。明日《あす》は今川《いまがわ》を蹴散《けち》らすぞ」

そして、翌朝《よくあさ》、信長軍《のぶながぐん》は村木砦《むらきとりで》を攻撃《こうげき》。

「撃《う》て！」

「よし、次《つぎ》を寄《よ》こせ！」

信長《のぶなが》は強気《つよき》で攻《せ》め、鉄砲《てっぽう》を取《と》り換《か》えては撃《う》ち、取《と》り換《か》えては撃《う》ち……と間断《かんだん》なく攻撃《こうげき》を続《つづ》けた結果《けっか》、夕刻《ゆうこく》には今川方《いまがわがた》が降伏《こうふく》し、決着《けっちゃく》がついた。

「皆《みな》、よくやった！」

勝利《しょうり》を得《え》た信長《のぶなが》が無事《ぶじ》に那古野城《なごやじょう》へ帰還《きかん》すると、守就《もりなり》は美濃《みの》に戻《もど》っていき――。

濃《のう》とふたりきりになると、信長《のぶなが》は疲《つか》れ切《き》った顔《かお》で座《すわ》り込《こ》んだ。

「信長様《のぶながさま》……？　勝《か》ち戦《いくさ》だというのに、なぜ浮《う》かない顔《かお》を？」

「……――」

今回《こんかい》の戦《いくさ》では、信長《のぶなが》の側近《そっきん》たちに多《おお》くの死者《ししゃ》を出《だ》してしまったのだ。その中《なか》には、子《こ》どもの頃《ころ》から目《め》をかけてきた若者《わかもの》もいた。

信長《のぶなが》はずっと強気《つよき》な態度《たいど》でいたが、本当《ほんとう》は辛《から》くも手《て》にした勝利《しょうり》だったのである。

「あいつも……あいつも……皆《みな》、死《し》んでしまった……」

「信長様《のぶながさま》……」

戦死《せんし》した者《もの》たちを悼《いた》み、涙《なみだ》を流《なが》す夫《おっと》を濃《のう》はやさしく抱《だ》きしめた。

「村木砦《むらきとりで》の戦《たたか》い」での勝利《しょうり》は織田《おだ》にとって、大《おお》きな意味《いみ》を持《も》っていた。緒川城《おがわじょう》を守《まも》ったことにより、尾張国内《おわりこくない》への今川《いまがわ》の侵攻《しんこう》を食《く》い止《と》めることができたと同時《どうじ》に、美濃《みの》の斎藤《さいとう》との信頼関係《しんらいかんけい》も、より厚《あつ》くなったからだ。

美濃《みの》に戻《もど》った守就《もりなり》から話《はなし》を聞《き》いたとたん、道三《どうさん》は唸《うな》った。

「同盟《どうめい》を結《むす》んでいるとはいえ、他国《たこく》の軍《ぐん》に自身《じしん》の居城《きょじょう》を預《あず》けるとは……。やはり、敵《てき》にすれば信長《のぶなが》ほど恐《おそ》ろしい相手《あいて》はいまい。まったく、たいした大《おお》うつけじゃ」

(あれが本当《ほんとう》の息子《むすこ》であったなら……)

道三《どうさん》は遠《とお》い目《め》をし、稲葉山城《いなばやまじょう》から尾張《おわり》の方角《ほうがく》を見《み》た。

(わしはもう年《とし》じゃ。が、このまま義龍《よしたつ》に家督《かとく》を継《つ》がせてよいものか……)

道三《どうさん》の悩《なや》みが家中《かちゅう》での争《あらそ》いを生《う》むのは、もう少《すこ》し先《さき》のことである。

第七章◆美濃《みの》のマムシ、死《し》す

「村木砦《むらきとりで》の戦《たたか》い」から半年後《はんとしご》、「安食《あじき》の戦《たたか》い」が起《お》きた。

清須城《きよすじょう》にいた尾張《おわり》の守護《しゅご》・斯波義統《しばよしむね》が織田信友《おだのぶとも》の家臣《かしん》・坂井大膳《さかいだいぜん》に殺《ころ》され、義統《よしむね》の子《こ》・義銀《よしかね》が信長《のぶなが》に助《たす》けを求《もと》め、那古野城《なごやじょう》へ逃《に》げ込《こ》んできたのである。

七月十八日《がつにち》、信長《のぶなが》は織田家《おだけ》の重臣《じゅうしん》・柴田勝家《しばたかついえ》を清須《きよす》へ差《さ》し向《む》け、その手前《てまえ》の安食村《あじきむら》で戦《いくさ》となり、大膳率《だいぜんひき》いる清須勢《きよすぜい》は敗退《はいたい》。この戦《いくさ》では、信長《のぶなが》が道三《どうさん》の槍《やり》をもとにして作《つく》った三間《さんけん》半《はん》（約《やく》六・四メートル）の長槍隊《ながやりたい》が活躍《かつやく》し、勝利《しょうり》を得《え》た。

「主君《しゅくん》を殺《ころ》すなど、天道《てんどう》に背《そむ》くことをするからこうなるのだ」

祝宴《しゅくえん》の席《せき》にて、信長《のぶなが》は笑《わら》って家臣《かしん》たちに言《い》ったが、目《め》が笑《わら》っていなかった。

いまだ、織田《おだ》の家中《かちゅう》は揺《ゆ》れている。この期《ご》に及《およ》んで、「やはり家督《かとく》は弟《おとうと》の信行様《のぶゆきさま》に……」

という声《こえ》があるのを知《し》っていたからだ。

それから、しばらくしたある日《ひ》、信長《のぶなが》は鷹狩《たかが》りへ出《で》た。

久《ひさ》しぶりに気持《きも》ちよく野山《のやま》を駆《か》け回《まわ》り、大《おお》いに狩《か》りを楽《たの》しむことができたが、その帰《かえ》り道《みち》、ちょっとした事件《じけん》が起《お》きた。

突然《とつぜん》、木《き》の上《うえ》から何者《なにもの》かが落《お》ちてきたのである。

「何者《なにもの》だ⁉」

馬上《ばじょう》の信長《のぶなが》を守《まも》ろうと小姓《こしょう》の前田利家《まえだとしいえ》（かつての犬千代《いぬちよ》）をはじめ、供《とも》の者《もの》たちが腰《こし》の刀《かたな》に手《て》をかける。

地面《じめん》に転《ころ》がった小柄《こがら》な男《おとこ》は、すぐに起《お》き上《あ》がると泥《どろ》だらけの顔《かお》で信長《のぶなが》を見上《みあ》げた。

「あやしい者《もの》ではございません！　わしは中村《なかむら》の足軽《あしがる》・弥右衛門《やえもん》の息子《むすこ》で秀吉《ひでよし》と申《もう》します！　信長様《のぶながさま》に仕《つか》えたく思《おも》い、こうしてお目《め》にかかる機会《きかい》を待《ま》ち望《のぞ》んでおりました！」

「ええい、無礼者《ぶれいもの》！」

「下《さ》がれ！」

利家《としいえ》たちは追《お》い払《はら》おうとするが、秀吉《ひでよし》はあちこちに飛《と》びすさっては軽々《かるがる》と避《よ》け、なおも信長《のぶなが》に訴《うった》える。

「なんでもします！　どうか雇《やと》ってください！　お願《ねが》いします！」

懸命《けんめい》に頼《たの》み続《つづ》ける秀吉《ひでよし》を、信長《のぶなが》はしばし黙《だま》って見下《みお》ろしていたが――。

「最初《さいしょ》、猿《さる》が木《き》から転《ころ》げ落《お》ちてきたかと思《おも》ったが、役《やく》に立《た》つというのなら、せいぜい励《はげ》め。役《やく》に立《た》たぬなら、すぐに暇《ひま》を出《だ》す」

「ありがとうございます！」

こうして秀吉《ひでよし》は「木《き》の下《した》で信長《のぶなが》に初《はじ》めて会《あ》った」ことから、木下《きのした》という名字《みょうじ》を名乗《なの》ることになり、名《な》を木下藤吉郎秀吉《きのしたとうきちろうひでよし》と改《あらた》め、草履取《ぞうりと》りとして仕《つか》えることになった。

（〝大《おお》うつけ〟の信長様《のぶながさま》は、やはりこういう〝戯《たわむ》れ〟がお好《す》きだったか）

木《き》から転《ころ》げ落《お》ちたのは、秀吉《ひでよし》の〝賭《か》け〟だった。普通《ふつう》に仕官《しかん》を願《ねが》い出《で》ても身分《みぶん》の低《ひく》さゆえ、叶《かな》うかどうかわからない。それで奇《き》をてらう作戦《さくせん》に出《で》たのである。


翌年《よくとし》の天文《てんぶん》二十四年《ねん》（一五五五年《ねん》）四月《がつ》、信長《のぶなが》は敵対《てきたい》していた信友《のぶとも》を自刃《じじん》に追《お》い込《こ》み、尾張下四郡《おわりしもよんごおり》を支配下《しはいか》に置《お》くことに成功《せいこう》し、居城《きょじょう》を清須城《きよすじょう》へと移《うつ》した。

斯波義統《しばよしむね》を殺害《さつがい》した大膳《だいぜん》は駿河《するが》へ逃走《とうそう》し、討《う》つことは叶《かな》わなかった。駿河《するが》へ逃《に》げたところを見《み》ると、どうやら、義統暗殺《よしむねあんさつ》を裏《うら》で操《あやつ》ったのは、今川義元《いまがわよしもと》であったと考《かんが》えられる。

（この先《さき》も、義元《よしもと》はしつこく尾張《おわり》を狙《ねら》ってくるに違《ちが》いない。いつまでも同族争《どうぞくあらそ》いを続《つづ》けている場合《ばあい》ではないというのに……）

信長《のぶなが》は那古野城《なごやじょう》の城主《じょうしゅ》となった、幼《おさな》い日《ひ》を思《おも》い出《だ》す。

「わしはいずれ、尾張《おわり》を平定《へいてい》する。おまえはそれを引《ひ》き継《つ》ぎ、織田《おだ》をもっと強《つよ》くするのだ」

「はい、父上《ちちうえ》！　吉法師《きっぽうし》が織田《おだ》をもっと強《つよ》くしてみせます！」


（尾張統一《おわりとういつ》は父上《ちちうえ》の悲願《ひがん》であった。なのに、あっけなく流行《はや》り病《やまい》で……。父上《ちちうえ》のほうが俺《おれ》なんかより、〝大《おお》うつけ〟だ）

尾張上四郡《おわりかみよんごおり》の岩倉織田《いわくらおだ》家《け》、弟《おとうと》・信行《のぶゆき》を推《お》す一派《いっぱ》、そして、東《ひがし》には強敵《きょうてき》・今川義元《いまがわよしもと》。

周《まわ》りは、敵《てき》だらけだ。

◆◆◆

信長《のぶなが》がようやく尾張下四郡《おわりしもよんごおり》を手中《しゅちゅう》に収《おさ》めた頃《ころ》――。

義父《ぎふ》・斎藤道三《さいとうどうさん》は悩《なや》みを深《ふか》めていた。

（美濃《みの》を治《おさ》めるのは、義龍《よしたつ》ではなく、孫四郎《まごしろう》か喜平次《きへいじ》のほうが……）

道三《どうさん》はこの頃《ころ》、長男《ちょうなん》ではなく、次男《じなん》か三男《なん》に家督《かとく》を譲《ゆず》ろうと考《かんが》えていたのである。

実《じつ》は、長男《ちょうなん》の義龍《よしたつ》は道三《どうさん》の子《こ》だという確証《かくしょう》がない。

義龍《よしたつ》の母《はは》・深芳野《みよしの》は、もとは道三《どうさん》が昔《むかし》、仕《つか》えていた土岐頼芸《ときよりあき》の側室《そくしつ》だった。道三《どうさん》が彼女《かのじょ》を見初《みそ》めてもらい受《う》けて間《ま》もなく、義龍《よしたつ》が生《う》まれたのだ。

正直《しょうじき》なところ、どちらの子《こ》であるかは不明《ふめい》なのだが、義龍《よしたつ》はそれを逆手《さかて》に取《と》り、「美濃《みの》の守護《しゅご》・土岐《とき》氏《し》の血《ち》を継《つ》ぐ自分《じぶん》こそが、美濃《みの》を治《おさ》めるべき」として、家中《かちゅう》の者《もの》たちをじわじわと取《と》り込《こ》み、道三《どうさん》に敵対《てきたい》するようになっていったのである。

そして、十一月《がつ》、事件《じけん》は起《お》きた。

病《やまい》を装《よそお》った義龍《よしたつ》が、見舞《みま》いに来《く》るよう弟《おとうと》たちを呼《よ》び出《だ》し、殺《ころ》してしまったのだ。

義龍《よしたつ》は次《つぎ》に邪魔《じゃま》な父《ちち》・道三《どうさん》を稲葉山城《いなばやまじょう》から追《お》い出《だ》した。

年老《としお》いたとはいえ、これでおとなしくなる美濃《みの》のマムシではない。

「義龍《よしたつ》め、卑劣《ひれつ》な真似《まね》を……！」

道三《どうさん》は長良川《ながらがわ》の対岸《たいがん》に位置《いち》する鷺山城《さぎやまじょう》に入《はい》り、そこで兵《へい》を集《あつ》め、反撃《はんげき》に出《で》ようとした。

が――。

「これしか集《あつ》まらぬのか⁉」

道三《どうさん》のもとに集《あつ》まった兵《へい》は、二千《せん》七百《ひゃく》。

対《たい》する義龍《よしたつ》は、その六倍《ばい》の一万《まん》七千《せん》五百《ひゃく》。

これでは勝《か》ち目《め》がない。

美濃《みの》の国《くに》を治《おさ》めるために非道《ひどう》な手《て》を使《つか》ってきた道三《どうさん》は、それだけ多《おお》くの恐《おそ》れと恨《うら》みを家《か》中《ちゅう》の者《もの》たちから向《む》けられていたのだ。

（もはや、頼《たの》みは信長《のぶなが》しかおらぬ……）

弘治《こうじ》二年《ねん》（一五五六年《ねん》）四月《がつ》十九日《にち》。

明日《あす》、決戦《けっせん》という前夜《ぜんや》。

覚悟《かくご》を決《き》めた道三《どうさん》は、信長《のぶなが》に宛《あ》てて一通《つう》の書状《しょじょう》をしたためた。


その夜《よ》、清須城《きよすじょう》に美濃《みの》からの密使《みっし》が到着《とうちゃく》した。

「斎藤山城守様《さいとうやましろのかみさま》から、信長様《のぶながさま》への書状《しょじょう》でございます！」

「なに⁉」

受《う》け取《と》った信長《のぶなが》はすぐに書状《しょじょう》を開《ひら》き、目《め》を通《とお》した。美濃《みの》での内紛《ないふん》は尾張《おわり》にも聞《き》こえてきていたのだ。

「これは……」

驚《おどろ》くべき内容《ないよう》に、信長《のぶなが》は顔《かお》を上《あ》げ、そばにいる妻《つま》の濃《のう》を見《み》た。

「信長様《のぶながさま》、父上《ちちうえ》はなんと……？」

「この信長《のぶなが》に美濃《みの》を譲《ゆず》る——と書《か》いてある。遺言状《ゆいごんじょう》だ」

「遺言《ゆいごん》！」

息子《むすこ》の義龍《よしたつ》との決戦《けっせん》を前《まえ》に、道三《どうさん》は娘婿《むすめむこ》の信長《のぶなが》に「国《くに》を譲《ゆず》る」と言《い》ってきたのだ。

道三《どうさん》が信長《のぶなが》に会《あ》ったのは、一度《いちど》だけ。

けれど、ふたりの間《あいだ》には〝同志《どうし》〟とも呼《よ》べる、固《かた》い絆《きずな》が結《むす》ばれていたのである。

（美濃《みの》のマムシが死《し》を覚悟《かくご》しているなど……。それだけ劣勢《れっせい》だということか）

「濃《のう》、支度《したく》を！」

「はい！　謀叛人《むほんにん》の兄《あに》など、討《う》ち取《と》ってくださいませ！」

信長《のぶなが》はただちに援軍《えんぐん》を出《だ》すことを決《き》め、急《いそ》ぎ、美濃《みの》へと向《む》かった。

しかし、間《ま》に合《あ》わず——。

道三《どうさん》は翌日《よくじつ》、義龍《よしたつ》に捕《と》らえられ、長良川《ながらがわ》のほとりで首《くび》を刎《は》ねられてしまった。

義龍《よしたつ》は同時《どうじ》に信長《のぶなが》を阻《はば》むべく兵《へい》を差《さ》し向《む》けたので、信長《のぶなが》は自《みずか》ら殿軍《でんぐん》となり、鉄砲《てっぽう》で威嚇《いかく》しつつ撤退《てったい》した。

やむなく、清須城《きよすじょう》へ戻《もど》った信長《のぶなが》は、なんともいえぬ表情《ひょうじょう》をしていた。

「濃《のう》、すまぬ……。俺《おれ》は義父上《ちちうえ》を助《たす》けることができなかった……」

「信長様《のぶながさま》、あやまらないでください。兄上《あにうえ》もマムシの子《こ》だったということ……。あなた様《さま》は全力《ぜんりょく》を尽《つ》くしてくださいました。私《わたし》はそれだけで感謝《かんしゃ》の気持《きも》ちでいっぱいです」

気丈《きじょう》にもそう微笑《ほほえ》んでみせた妻《つま》を見《み》て、信長《のぶなが》は誓《ちか》った。

（俺《おれ》は……いずれ必《かなら》ず、美濃《みの》を手《て》に入《い》れてみせる）

第八章◆信行《のぶゆき》の謀叛《むほん》

斎藤道三《さいとうどうさん》の首《くび》は鼻《はな》を削《そ》がれて、河原《かわら》にさらされた。

美濃《みの》のマムシの最期《さいご》は、皮肉《ひにく》にも、息子《むすこ》に国《くに》を奪《うば》われるというかたちの〝下剋上《げこくじょう》〟で終《お》わったのだ。

そして、道三《どうさん》の死《し》は織田《おだ》に影響《えいきょう》を及《およ》ぼした。斎藤義龍《さいとうよしたつ》が覇権《はけん》を握《にぎ》ったと同時《どうじ》に、美濃《みの》との同盟《どうめい》が破《やぶ》れたからである。

その年《とし》の八月《がつ》、「これで信長《のぶなが》の後《うし》ろ盾《だて》はなくなった」と考《かんが》えた林秀貞《はやしひでさだ》・通具兄弟《みちともきょうだい》と柴田《しばた》勝家《かついえ》が、信長《のぶなが》の弟《おとうと》・信行《のぶゆき》を担《かつ》ぎ上《あ》げ、兵《へい》を挙《あ》げた。林兄弟《はやしきょうだい》は「村木砦《むらきとりで》の戦《たたか》い」の際《さい》、出陣《しゅつじん》を拒否《きょひ》したということがあった。もともと信長《のぶなが》とは馬《うま》が合《あ》わなかったのだ。

信長軍《のぶながぐん》は七百《ひゃく》。信行軍《のぶゆきぐん》は七千《せん》。

その差《さ》は十倍《ばい》。圧倒的《あっとうてき》に信長《のぶなが》の不利《ふり》である。

「謀叛人《むほんにん》は俺《おれ》がこの手《て》で叩《たた》き斬《き》ってやる！」

信長《のぶなが》は自《みずか》ら軍《ぐん》を率《ひき》い、出陣《しゅつじん》した。

その軍《ぐん》の中《なか》には、信長《のぶなが》と同《おな》じく数《かず》の差《さ》などたいして気《き》にしていない、血気《けっき》に逸《はや》る若武者《わかむしゃ》がいた。小姓《こしょう》を務《つと》めていた前田利家《まえだとしいえ》だ。

(十倍《ばい》の差《さ》がなんだ！　俺様《おれさま》が十倍《ばい》……いや、百倍《ひゃくばい》の働《はたら》きをすればいいんだ！)

久《ひさ》しぶりの戦《いくさ》を前《まえ》に、利家《としいえ》の心《こころ》は弾《はず》んでいた。

普段《ふだん》からありあまる体力《たいりょく》をもてあましていただけに、

(早《はや》く戦《たたか》いたい！)

という気持《きも》ちでいっぱいなのだ。

(俺《おれ》は信長様《のぶながさま》のために、たくさん手柄《てがら》を立《た》ててみせる！)

そして、両軍《りょうぐん》は清須《きよす》の東《ひがし》——稲生原《いのうがはら》にて激突《げきとつ》。

「おおーっ」

あっという間《ま》に敵味方《てきみかた》入り乱《みだ》れての戦《いくさ》となった。

「どけどけどけ――っ！」

利家《としいえ》は自慢《じまん》の長槍《ながやり》を振《ふ》り回《まわ》し、敵兵《てきへい》を薙《な》ぎ払《はら》っていく。

が、快進撃《かいしんげき》を続《つづ》けていた利家《としいえ》は、次《つぎ》の瞬間《しゅんかん》、「うっ！」と大《おお》きくのけぞった。

敵《てき》の放《はな》った矢《や》が、右目《みぎめ》の下《した》に刺《さ》さったのだ！

「おのれ――っ！」

利家《としいえ》は怒《いか》りの形相《ぎょうそう》で槍《やり》を突《つ》き出《だ》し、自分《じぶん》を狙《ねら》った兵《へい》を討《う》ち取《と》った。

「信長様《のぶながさま》あ――っ！」

さっそくその首《くび》を刎《は》ねて信長《のぶなが》のもとへ駆《か》けていくと、さすがの信長《のぶなが》も利家《としいえ》の顔《かお》を見《み》て、ぎょっと目《め》をむいた。

「利家《としいえ》、その顔《かお》はどうした？」

「名誉《めいよ》の負傷《ふしょう》にて、痛《いた》くはござらん」

「剛毅《ごうき》なことだ。誰《だれ》か、この矢《や》を抜《ぬ》いてやれ」

利家《としいえ》は矢《や》を抜《ぬ》く間《あいだ》も、決《けっ》して痛《いた》いとは言《い》わず――。

それを見《み》ていた信長《のぶなが》は頼《たの》もしそうに笑《わら》った。

「やはり、おまえの肝《きも》には毛《け》が生《は》えておるのだな」

そして、信長《のぶなが》は利家《としいえ》が討《う》ち取《と》った首《くび》をつかんで馬《うま》に乗《の》ると、馬上《ばじょう》で振《ふ》り回《まわ》しながら、戦《せん》場《じょう》を駆《か》け巡《めぐ》った。

「これを見《み》ろ！　前田利家《まえだとしいえ》は小倅《こせがれ》ながらも、かかる手柄《てがら》を挙《あ》げてみせた！　己《おのれ》の顔《かお》に矢《や》が刺《さ》さったまま、果敢《かかん》に相手《あいて》を討《う》ち取《と》ったのだ！　皆《みな》もこれに劣《おと》らぬ手柄《てがら》を挙《あ》げてみせよ！」

信長《のぶなが》の声《こえ》に、数《かず》で押《お》されていた信長軍《のぶながぐん》の兵《へい》たちは励《はげ》まされ、

「よし、わしも負《ま》けてられぬぞ！」

「進《すす》め、進《すす》め――っ！」

「おお――っ！」

味方《みかた》の士気《しき》は一段《いちだん》と上《あ》がった。

しかし、不利《ふり》な状況《じょうきょう》はなかなか覆《くつがえ》せず――。

手勢《てぜい》わずか四十というところまで追《お》い詰《つ》められたとき、奇跡的《きせきてき》に形勢《けいせい》が逆転《ぎゃくてん》した。

「この信長《のぶなが》を倒《たお》すことが正義《せいぎ》だと信《しん》じる者《もの》だけ向《む》かってこい！」

この世《よ》のものとは思《おも》えぬ大音声《だいおんじょう》で信長《のぶなが》が一喝《いっかつ》したとたん、敵兵《てきへい》たちの足《あし》がすくんで動《うご》けなくなってしまったのだ。

「お……おお」

「わ、わしは逃《に》げる……逃《に》げるぞ」

信行軍《のぶゆきぐん》の兵《へい》たちは敵《てき》となって戦《たたか》ったが、本《もと》を正《ただ》せば信長《のぶなが》の下《した》にいた者《もの》たちばかりだ。兵《へい》たちは恐《おそ》れをなし、我先《われさき》にと背《せ》を向《む》け、逃《に》げだした。

「裏切《うらぎ》り者《もの》は残《のこ》らず討《う》ち取《と》れ！」

「おお――っ！」

信長軍《のぶながぐん》は盛《も》り返《かえ》し、次々《つぎつぎ》と敵兵《てきへい》に挑《いど》んでいく。

信長《のぶなが》は自《みずか》ら、通具《みちとも》を突《つ》き伏《ふ》せて、その首《くび》を刎《は》ねた。

「稲生原《いのうがはら》の戦《たたか》い」を制《せい》した信長《のぶなが》はさらに進撃《しんげき》し、信行《のぶゆき》の居城《きょじょう》・末森城《すえもりじょう》を囲《かこ》んだ。

が、弟《おとうと》との直接対決《ちょくせつたいけつ》とはならなかった。

末森城《すえもりじょう》に入《はい》っていたふたりの母《はは》・土田御前《どたごぜん》が仲裁《ちゅうさい》に入《はい》ったのである。

「信長《のぶなが》、そなたの弟《おとうと》を許《ゆる》してやっておくれ……。信行《のぶゆき》は優秀《ゆうしゅう》な子《こ》。この先《さき》、必《かなら》ずやおまえの役《やく》に立《た》ち、ともに織田家《おだけ》を盛《も》り立《た》てていってくれるはずです」

母《はは》の願《ねが》いを無下《むげ》にできるほど、信長《のぶなが》は冷《つめ》たくはない。

「……わかりました、母上《ははうえ》に免《めん》じて許《ゆる》しましょう」

信行《のぶゆき》とその守役《もりやく》・勝家《かついえ》は墨染《すみぞめ》の衣《ころも》に身《み》を包《つつ》み、土田御前《どたごぜん》とともに清須城《きよすじょう》を訪《おとず》れ、命《いのち》を助《たす》けてもらった信長《のぶなが》に礼《れい》を述《の》べた。

秀貞《ひでさだ》も許《ゆる》しがたかったが、信長《のぶなが》はこれまでの織田家《おだけ》での働《はたら》きと今後《こんご》のことを見据《みす》え、これ以上《いじょう》、内紛《ないふん》を広《ひろ》げてはならないと思《おも》い、許《ゆる》すことにした。

(これ以上《いじょう》、家中《かちゅう》で争《あらそ》えば、尾張《おわり》を狙《ねら》う今川《いまがわ》の思《おも》うつぼだ……)

これで事態《じたい》は収束《しゅうそく》したかに見《み》えたが――。

争《あらそ》いの火種《ひだね》は、まだくすぶっていた。

翌年《よくとし》の弘治《こうじ》三年《ねん》(一五五七年《ねん》)、勝家《かついえ》が「内密《ないみつ》の話《はなし》があります」と信長《のぶなが》を訪《たず》ねてきて、

「信行様《のぶゆきさま》はふたたび信長様《のぶながさま》を討《う》とうと、お考《かんが》えになっているご様子《ようす》」

と密告《みっこく》してきたのである。

勝家《かついえ》の話《はなし》によると、信行《のぶゆき》は尾張上四郡《おわりかみよんごおり》の守護代《しゅごだい》・織田信賢《おだのぶかた》と密《ひそ》かに通《つう》じ、信長《のぶなが》を討《う》つべく準備《じゅんび》を進《すす》めているという。

「ほう……」

信長《のぶなが》は軽《かる》く眉《まゆ》を跳《は》ね上《あ》げた。

勝家《かついえ》は信行《のぶゆき》の守役《もりやく》。もっとも近《ちか》しい家臣《かしん》だ。

(勝家《かついえ》を俺《おれ》の懐《ふところ》に飛《と》び込《こ》ませ、油断《ゆだん》させようという罠《わな》かもしれぬ……)

と考《かんが》え、信長《のぶなが》は慎重《しんちょう》に勝家《かついえ》を見定《みさだ》めることにした。

「して——なぜ、それを俺《おれ》に?」

「……信行様《のぶゆきさま》は当主《とうしゅ》の器《うつわ》ではない、と思《おも》ったゆえ」

「多《おお》くの家臣《かしん》たちが、あいつが家督《かとく》を継《つ》ぐことを望《のぞ》んでいたのに?」

信長《のぶなが》がおもしろそうに言《い》うと、勝家《かついえ》は腹《はら》にぐっと力《ちから》を込《こ》め、まっすぐに信長《のぶなが》を見《み》つめてきた。

「わしも前《まえ》はそうでした。しかし、この前《まえ》の戦《いくさ》で考《かんが》えが変《か》わったのです。織田家《おだけ》を盛《も》り立《た》てていけるのは、信長様《のぶながさま》をおいてほかにはおりませぬ」

「稲生原《いのうがはら》の戦《たたか》い」では、勝家《かついえ》は信行軍《のぶゆきぐん》の先鋒《せんぽう》を務《つと》めていた。が、信長軍《のぶながぐん》の猛攻《もうこう》に押《お》されて傷《きず》を負《お》い、早々《そうそう》に奥《おく》の陣《じん》へと退《しりぞ》いていたのだ。

それゆえ勝家《かついえ》は冷静《れいせい》に、戦《いくさ》の行方《ゆくえ》を見《み》ていたのである。

「信長様《のぶながさま》は、まさに鬼神《きじん》。駿河《するが》の今川《いまがわ》、美濃《みの》の斎藤《さいとう》……そして甲斐《かい》の武田《たけだ》に対抗《たいこう》できるのは、信長様《のぶながさま》をおいてほかにおりませぬ」

「鬼柴田《おにしばた》に鬼神《きじん》と言《い》われるとはな」

信長《のぶなが》は勝家《かついえ》を味方《みかた》につけ、策《さく》を練《ね》ることにした。

◆◆◆

その年《とし》の、十一月二日《がっか》。

末森城《すえもりじょう》にいた信行《のぶゆき》のもとへ、勝家《かついえ》があわてて駆《か》け込《こ》んできた。

「大変《たいへん》です！　信長様《のぶながさま》が重《おも》い病《やまい》にかかったと……」

「なに、兄上《あにうえ》が？」

「はい、明日《あす》をも知《し》れぬ命《いのち》だとか……急《いそ》ぎ、見舞《みま》いに来《こ》られるようにとの、土田御前様《どたごぜんさま》からの伝言《でんごん》でございます」

母《はは》からの報《しら》せということで安心《あんしん》した信行《のぶゆき》はすぐに支度《したく》をし、清須城《きよすじょう》へと向《む》かった。

（重《おも》い病《やまい》とは……うつけの兄《あに》も人《ひと》の子《こ》ということか）

謀叛《むほん》を起《お》こすまでもない、と信行《のぶゆき》は思《おも》った。それに、兄弟同士《きょうだいどうし》が争《あらそ》うことで、これ以上《いじょう》、母《はは》を悲《かな》しませたくないという気持《きも》ちもあった。母《はは》の仲裁《ちゅうさい》がなければ、とっくの昔《むかし》に兄《あに》に首《くび》を刎《は》ねられていたことだろう。

清須城《きよすじょう》へ着《つ》くと、信長《のぶなが》の寝所《しんじょ》に入《はい》る前《まえ》に、

「刀《かたな》をお預《あず》かりいたします」

と言《い》われ、信行《のぶゆき》はやむなく大小《だいしょう》の刀《かたな》を外《はず》した。

（確《たし》かに、見舞《みま》いに来《き》たのに刀《かたな》を帯《お》びたままでは物騒《ぶっそう》だが……）

嫌《いや》な予感《よかん》は的中《てきちゅう》した。

丸腰《まるごし》にされた信行《のぶゆき》を待《ま》っていたのは、死《し》の床《とこ》についた信長《のぶなが》ではなく、池田恒興《いけだつねおき》らをはじめとする信長《のぶなが》の家臣《かしん》、三人《にん》だったのだ。

「信行様《のぶゆきさま》、お覚悟《かくご》を！」

「母上《ははうえ》！　これはどうしたことです⁉　母上《ははうえ》！」

信行《のぶゆき》は母《はは》の姿《すがた》を求《もと》めて部屋《へや》を飛《と》び出《だ》そうとしたが……恒興《つねおき》に斬《き》られ、絶命《ぜつめい》した。

「信行様《のぶゆきさま》の刀《かたな》でございます」

別室《べっしつ》で待《ま》っていた信長《のぶなが》のところへ恒興《つねおき》がやってきて、信行《のぶゆき》の遺品《いひん》となった大小《だいしょう》の刀《かたな》を差《さ》し出《だ》した。

「恒興《つねおき》、悪《わる》かったな。嫌《いや》なことを頼《たの》んで」

「……いえ」

恒興《つねおき》が下《さ》がると、信長《のぶなが》はそばにいる濃《のう》を見《み》た。

「俺《おれ》を軽蔑《けいべつ》するか？」

「いいえ」

と、濃《のう》は首《くび》を振《ふ》った。

「兄《あに》の義龍《よしたつ》と同《おな》じ卑怯《ひきょう》な手《て》ですが、これ以上《いじょう》の内紛《ないふん》を避《さ》けるためには仕方《しかた》がないかと――」

母《はは》を同《おな》じくする弟《おとうと》を斬《き》るのは、苦渋《くじゅう》の決断《けつだん》だった。

それゆえ、信長《のぶなが》は信頼《しんらい》する乳兄弟《ちきょうだい》の恒興《つねおき》を刺客《しかく》として差《さ》し向《む》けたのだ。他《ほか》の者《もの》に命《めい》じた場合《ばあい》、事前《じぜん》に信行《のぶゆき》に通《つう》じるかもしれない。計画《けいかく》が発覚《はっかく》するのを防《ふせ》ぐ意味《いみ》もあった。

「私《わたし》は義母上《ははうえ》を見《み》てまいります」

「ああ、頼《たの》む」

土田御前《どたごぜん》はその後《ご》、しばらく床《とこ》に臥《ふ》せってしまった。

信長《のぶなが》が信行《のぶゆき》を斬《き》るとわかっていて計画《けいかく》に加担《かたん》したのは、本心《ほんしん》ではなかったのである。土《ど》田御前《たごぜん》もまた、亡《な》き信秀《のぶひで》の正室《せいしつ》として織田家《おだけ》を守《まも》るために涙《なみだ》を呑《の》んだのだ。

（母上《ははうえ》にはかわいそうなことをしたが……これも織田家《おだけ》のため）

尾張上四郡《おわりかみよんごおり》の守護代《しゅごだい》・信賢《のぶかた》と、弟《おとうと》の信行《のぶゆき》のふたりを同時《どうじ》に相手《あいて》にするのは、不利《ふり》。

それに「稲生原《いのうがはら》の戦《たたか》い」のように外《そと》での合戦《かっせん》は兵力《へいりょく》を消耗《しょうもう》し、「織田《おだ》に内紛《ないふん》あり」として、他国《たこく》につけ入《い》る隙《すき》を与《あた》えてしまう。

そのような事態《じたい》を避《さ》けるためにも、最小限《さいしょうげん》の犠牲《ぎせい》で留《とど》める必要《ひつよう》があったのだ。

弟《おとうと》を葬《ほうむ》った信長《のぶなが》は二年後《ねんご》の永禄《えいろく》二年《ねん》（一五五九年《ねん》）一月《がつ》、岩倉城《いわくらじょう》を攻《せ》めにかかった。

信賢《のぶかた》は籠城《ろうじょう》して二、三カ月《げつ》持《も》ちこたえたが、信長《のぶなが》が火矢《ひや》や鉄砲《てっぽう》を浴《あ》びせるほど使《つか》ったため、三月《がつ》についに開城《かいじょう》させるに至《いた》り……ここに岩倉織田家《いわくらおだけ》は滅亡《めつぼう》した。

信長《のぶなが》は岩倉城《いわくらじょう》をすぐに破却《はきゃく》した。岩倉織田家《いわくらおだけ》の痕跡《こんせき》を残《のこ》さないためだ。新《あたら》しい時代《じだい》に、過去《かこ》の支配者《しはいしゃ》の名残《なごり》など邪魔《じゃま》なだけである。

（父上《ちちうえ》……やっと尾張統一《おわりとういつ》を果《は》たせましたぞ。俺《おれ》は織田《おだ》をもっと強《つよ》くし、今川《いまがわ》も斎藤《さいとう》もいずれ必《かなら》ず滅《ほろ》ぼしてみせる！）

亡《な》き父《ちち》・信秀《のぶひで》の悲願《ひがん》であった尾張統一《おわりとういつ》。

これを果《は》たしたとき、信長《のぶなが》は二十六歳《さい》になっていた。

第九章◆桶狭間《おけはざま》の戦《たたか》い

駿河《するが》・遠江《とおとうみ》・三河《みかわ》の三国《さんごく》を統《す》べる太守《たいしゅ》——今川義元《いまがわよしもと》は尾張《おわり》攻《ぜ》めの準備《じゅんび》を着々《ちゃくちゃく》と進《すす》め、織《お》田方《だかた》の家臣《かしん》の寝返《ねがえ》りを幾度《いくど》も図《はか》っている。

しかし、信長《のぶなが》も手《て》をこまねいて見《み》ていたわけではない。

家臣《かしん》の森可成《もりよしなり》を商人《しょうにん》に変装《へんそう》させて義元《よしもと》の膝元《ひざもと》である駿府《すんぷ》へ送《おく》り込《こ》み、

「山口父子《やまぐちおやこ》は今川《いまがわ》に味方《みかた》しているが、義元様《よしもとさま》が尾張《おわり》に攻《せ》め入《い》ったとき、信長《のぶなが》と示《しめ》し合《あ》わせて挟《はさ》み撃《う》ちにしようとしているらしい」

という噂《うわさ》を流《なが》した。山口父子《やまぐちおやこ》とは、鳴海城《なるみじょう》の城主《じょうしゅ》で先代《せんだい》の信秀《のぶひで》が亡《な》くなってすぐに信長《のぶなが》を裏切《うらぎ》り、今川《いまがわ》に通《つう》じた山口教継《やまぐちのりつぐ》と教吉《のりよし》のことだ。

信長《のぶなが》の戦略《せんりゃく》とは気《き》づかずに、これを信《しん》じた義元《よしもと》はふたりをさっそく切腹《せっぷく》させた。

信長《のぶなが》はほかにも今川《いまがわ》に通《つう》じた戸田新右衛門《とだしんえもん》という家臣《かしん》の筆跡《ひっせき》を祐筆《ゆうひつ》に真似《まね》させ、あたかも新右衛門《しんえもん》が実《じつ》は信長《のぶなが》に今川《いまがわ》の情報《じょうほう》を流《なが》しているかのような偽《にせ》の書状《しょじょう》を作《つく》った。それをまた商人《しょうにん》に仕立《した》てた家臣《かしん》に今川《いまがわ》へ届《とど》けさせ、これを見《み》た義元《よしもと》はすっかり信《しん》じ込《こ》み、真偽《しんぎ》のほどを確《たし》かめずに新右衛門《しんえもん》の首《くび》を刎《は》ねた。

こうした戦略《せんりゃく》が功《こう》を奏《そう》し、義元《よしもと》は尾張攻《おわりぜ》めを急《いそ》ぐようになり――。

永禄《えいろく》三年《ねん》（一五六〇年《ねん》）五月《がつ》十二日《にち》、二万《まん》五千《せん》の大軍《たいぐん》を率《ひき》いて駿府《すんぷ》を発《た》った。

(尾張《おわり》のうつけなど、ひとひねりにしてくれる)

義元《よしもと》は馬《うま》ではなく、朱塗《しゅぬ》りの輿《こし》に揺《ゆ》られていた。輿《こし》での出陣《しゅつじん》は室町幕府《むろまちばくふ》から許《ゆる》された特権《とっけん》だ。義元《よしもと》は足利将軍家《あしかがしょうぐんけ》に縁《ゆかり》のある家柄《いえがら》であることを誇示《こじ》し、織田《おだ》を威圧《いあつ》しようと考《かんが》え、輿《こし》に乗《の》ったのである。

十八日《にち》の夕刻《ゆうこく》、三河《みかわ》との国境《くにざかい》に近《ちか》い尾張《おわり》の沓掛城《くつかけじょう》に義元《よしもと》が入《はい》ったという報《しら》せが、清須城《きよすじょう》にいる信長《のぶなが》に届《とど》いた。

今川《いまがわ》との決戦《けっせん》は近《ちか》い――が、

「今川《いまがわ》の軍勢《ぐんぜい》は二万《まん》五千《せん》……」

「それに対《たい》し、我《われ》らはどんなにかき集《あつ》めても、せいぜい三千《ぜん》だ」

「こうなれば、籠城戦《ろうじょうせん》か」

「しかし、この城《しろ》は籠城《ろうじょう》には向《む》いておらぬ」

圧倒的《あっとうてき》な数《かず》の差《さ》を前《まえ》に家臣《かしん》たちは議論《ぎろん》を重《かさ》ねたが、肝心《かんじん》の信長《のぶなが》は目《め》を閉《と》じて寝《ね》そべり、意見《いけん》のひとつも口《くち》にしない。

業《ごう》を煮《に》やした家臣《かしん》のひとりが、

「いかがいたしますか、信長様《のぶながさま》！」

と声《こえ》を荒《あら》らげると、信長《のぶなが》はフンと鼻《はな》で笑《わら》って、閉《と》じた扇《おうぎ》で自身《じしん》の頭《あたま》を指《さ》した。

「戦《いくさ》は数《かず》ではない。ここを使《つか》え。今日《きょう》はもう遅《おそ》い、皆《みな》、帰《かえ》っていいぞ」

「え……」

あっけにとられる家臣《かしん》たちを軍議《ぐんぎ》の場《ば》に置《お》き去《ざ》りにし、信長《のぶなが》はあくびをしながら、寝所《しんじょ》へと引《ひ》っ込《こ》んでしまった。

「信長様《のぶながさま》は戦《たたか》う気《き》があるのか……？」

「尾張《おわり》を統一《とういつ》して間《ま》もないというのに、このようなことでは――」

「うつけは治《なお》ってなかったのか⁉」

「いったい、なにを考《かんが》えておられるのやら……」

信長《のぶなが》の腹《はら》のうちがわからず、家臣《かしん》たちは不安《ふあん》な夜《よる》を過《す》ごした。

そして、翌日《よくじつ》——十九日《にち》の朝《あさ》。

「鷲津《わしづ》と丸根《まるね》の砦《とりで》が、今川軍《いまがわぐん》に攻《せ》められています！」

という報《しら》せが入《はい》ると、信長《のぶなが》は「鼓《つづみ》を持《も》て」と命《めい》じ、日頃《ひごろ》から好《この》んで舞《ま》っている幸若舞《こうわかまい》の「敦盛《あつもり》」をひとさし舞《ま》った。

人間《にんげん》五十年《ねん》　下天《げてん》のうちをくらぶれば　夢幻《ゆめまぼろし》のごとくなり
ひとたび生《せい》を享《う》け　滅《めっ》せぬ者《もの》のあるべきか

信長《のぶなが》は舞《ま》い終《お》わると、

「法螺貝《ほらがい》を吹《ふ》け、武具《ぶぐ》を寄《よ》こせ」

と言《い》い、鎧《よろい》を身《み》に着《つ》け、立《た》ったまま濃《のう》が差《さ》し出《だ》した湯漬《ゆづ》けをかきこんだ。

「信長様《のぶながさま》、ご武運《ぶうん》を」

「うむ。行《い》ってくる」

信長《のぶなが》は馬《うま》を駆《か》り、清須城《きよすじょう》を飛《と》び出《だ》す。あまりの素早《すばや》い行動《こうどう》についてこられたのは、わずかに小姓《こしょう》五名《めい》のみである。

清須《きよす》から三里《り》（約《やく》十二キロ）の道《みち》のりを駆《か》け抜《ぬ》け、熱田神宮《あつたじんぐう》へ到着《とうちゃく》した信長《のぶなが》は東《ひがし》の方向《ほうこう》に煙《けむり》が上《あ》がっているのを確認《かくにん》した。今川《いまがわ》に落《お》とされた丸根《まるね》と鷲津《わしづ》の砦《とりで》だ。

（義元《よしもと》め……）

朝《あさ》の空《そら》に立《た》ち上《のぼ》る煙《けむり》をにらみつけ、信長《のぶなが》は兵《へい》が集《あつ》まるのを待《ま》った。

そうして、駆《か》けつけた二千《せん》の兵《へい》を前《まえ》に雄々《おお》しく宣言《せんげん》する。

「狙《ねら》うは義元《よしもと》の首《くび》ひとつ！」

「おお――っ」

士気《しき》が高《たか》まる中《なか》、偵察《ていさつ》に出《で》ていた梁田政綱《やなだまさつな》が戻《もど》ってきた。

「申《もう》し上《あ》げます！　今川軍《いまがわぐん》は桶狭間《おけはざま》にて休憩《きゅうけい》をとっております！」

すると、空《そら》からぽつりと雨《あめ》が降《ふ》ってきた。

見上《みあ》げると、灰色《はいいろ》の雲《くも》が空《そら》を厚《あつ》く覆《おお》っている。

「雨《あめ》か……これは激《はげ》しくなるな」

信長《のぶなが》はおもしろそうに、クッと笑《わら》った。

◆◆◆

一方《いっぽう》、桶狭間《おけはざま》で休憩《きゅうけい》していた義元《よしもと》は、悠然《ゆうぜん》と構《かま》えていた。

早朝《そうちょう》に砦《とりで》をふたつ落《お》として気《き》を良《よ》くしていたのもあるが、雨《あめ》が降《ふ》ってきたので「これでは織田《おだ》は動《うご》くまい」と思《おも》ったのだ。

「急《せ》くことはあるまい、雨《あめ》が止《や》むのを待《ま》とう」

充分《じゅうぶん》に休息《きゅうそく》を取《と》れば、兵《へい》たちの疲《つか》れも取《と》れる。そのあと、大軍《たいぐん》をもって清須《きよす》へ向《む》かえば、少《すこ》しの労《ろう》で城《しろ》を落《お》とせるだろう。

「天《てん》も味方《みかた》してくれている」

「太守様《たいしゅさま》、今川《いまがわ》の向《む》かうところ敵《てき》なしですな」

「うむ、我《わ》が義元《よしもと》の戈先《ほこさき》には、天魔鬼神《てんまきじん》も忍《しの》べからず！」

たとえ荒《あら》ぶる神《かみ》が襲《おそ》ってきても、今《いま》の義元《よしもと》の敵《てき》ではない。

しかし、この慢心《まんしん》が油断《ゆだん》を生《う》んだ。

雨《あめ》が止《や》み、進軍《しんぐん》を開始《かいし》した直後《ちょくご》、織田軍《おだぐん》が奇襲《きしゅう》をかけてきたのである！

「織田《おだ》が……織田《おだ》が攻《せ》めてきました！」

「なんだと⁉」

信《しん》じられないことに、信長率《のぶながひき》いる織《お》田《だ》軍《ぐん》は眼前《がんぜん》に迫《せま》ってきていた。

輿《こし》を見《み》つけるなり、信長《のぶなが》は叫《さけ》んだ。

「あれが義元《よしもと》だ！　かかれ！」

織《お》田《だ》軍《ぐん》の若武者《わかむしゃ》たちが大将首《たいしょうくび》を挙《あ》げようと、いっせいに向《む》かっていく。

両軍《りょうぐん》の兵《へい》たちが激突《げきとつ》し、はね上《あ》がる泥《どろ》と血《ち》しぶきにまみれながら斬《き》り結《むす》ぶ。

信長《のぶなが》も刀《かたな》を手《て》に、果敢《かかん》に向《む》かってくる今川兵《いまがわへい》たちを斬《き》っては捨《す》て、斬《き》っては捨《す》てて進《すす》んでいき――……。

「太守様《たいしゅさま》、ここはお退《ひ》きください！」

「う……うむ！」

義元《よしもと》は輿《こし》を捨《す》て、素早《すばや》く馬《うま》に乗《の》り換《か》えた。主君《しゅくん》を守《まも》るため、三百《びゃく》もの騎馬兵《きばへい》が義元《よしもと》を押《お》し包《つつ》むように囲《かこ》み、退却《たいきゃく》をはじめる。

しかし、織《お》田《だ》軍《ぐん》の猛攻《もうこう》を受《う》けて、やがて五十ばかりに減《へ》っていき、

「おのれ、信長《のぶなが》め！」

ついに馬《うま》を下《お》り、泥《どろ》の中《なか》に立《た》った義元《よしもと》は愛刀《あいとう》「左文字《さもんじ》」を抜《ぬ》き放《はな》った。

「わしの首《くび》を討《う》とうという者《もの》あらば、かかってこい！　雑兵《ぞうひょう》といえど相手《あいて》をいたす！」

すると、取《と》り囲《かこ》む織田《おだ》兵《へい》の中《なか》から、ひとりの男《おとこ》が槍《やり》を手《て》に飛《と》び出《だ》した。

「我《われ》は服部小平太《はっとりこへいた》！　今川義元殿《いまがわよしもとどの》、覚悟《かくご》！」

「……フンッ」

義元《よしもと》はかかってきた小平太《こへいた》の槍《やり》を見切《みき》り、逆《ぎゃく》に膝《ひざ》を斬《き》りつけた。足《あし》から血《ち》を流《なが》した小平太《こへいた》は泥水《どろみず》をはね上《あ》げて、地面《じめん》に突《つ》っ伏《ぷ》す。

「この義元《よしもと》、そうやすやすとは討《う》ち取《と》られまいぞ！」

義元《よしもと》は左文字《さもんじ》を手《て》に応戦《おうせん》し、つかみかかってきた兵《へい》の指《ゆび》を噛《か》みちぎるなどしたが……奮戦《ふんせん》むなしく最後《さいご》は毛利新介《もうりしんすけ》という男《おとこ》に首《くび》を斬《き》られてしまった。

のちの世《よ》、大国《たいこく》を治《おさ》め、「海道一《かいどういち》の弓取《ゆみと》り」とその武勇《ぶゆう》を称《たた》えられた今川義元《いまがわよしもと》は、十五歳下《さいした》の信長《のぶなが》の奇襲《きしゅう》の前《まえ》に、あっけなく敗《やぶ》れたのである。

第十章◆美濃《みの》を平定《へいてい》する

無事《ぶじ》に清須《きよす》へ戻《もど》ったその晩《ばん》は、勝利《しょうり》の宴《うたげ》となった。

「信長様《のぶながさま》、戦勝《せんしょう》おめでとうございます。桶狭間《おけはざま》では見事《みごと》な奇襲《きしゅう》であったとか」

濃《のう》が盃《さかずき》に酒《さけ》を注《つ》ぐと、信長《のぶなが》はニヤリと笑《わら》った。

「濃《のう》、次《つぎ》は美濃《みの》を手《て》に入《い》れるぞ」

「美濃《みの》を――」

「ああ、美濃《みの》のマムシの遺言《ゆいごん》だからな」

信長《のぶなが》はそう言《い》って、盃《さかずき》を手《て》に立《た》ち上《あ》がった。

「皆《みな》の者《もの》、よく聞《き》け！　近《ちか》いうちに美濃《みの》攻《ぜ》めを行《おこな》う！　美濃平定《みのへいてい》は義父《ちち》・斎藤道三《さいとうどうさん》が義息《むすこ》であり、同志《どうし》の俺《おれ》に託《たく》した願《ねが》いだ。美濃《みの》を治《おさ》めるのにふさわしいのは、父《ちち》を討《う》つという悪《あく》行《ぎょう》をなした義龍《よしたつ》ではない。この俺《おれ》……信長《のぶなが》だ！　俺《おれ》は皆《みな》の前《まえ》で誓《ちか》おう。道三《どうさん》の娘《むすめ》、そして俺《おれ》の妻《つま》である濃《のう》のためにも、必《かなら》ず美濃《みの》を手《て》に入《い》れてみせると！」

「おお――っ」

家臣《かしん》たちは沸《わ》き立《た》ち、大《おお》いに酒《さけ》を酌《く》み交《か》わした。

「次《つぎ》はついに美濃攻《みのぜ》めか！」

「我《われ》らには美濃《みの》の姫《ひめ》……お濃《のう》の方様《かたさま》がついている！」

「義元《よしもと》も簡単《かんたん》に討《う》ち取《と》ったのだ。美濃《みの》もすぐに信長様《のぶながさま》の手《て》に落《お》ちるは必至《ひっし》！」

こうして、尾張《おわり》の小大名《しょうだいみょう》に過《す》ぎなかった信長《のぶなが》の武名《ぶめい》は天下《てんか》に轟《とどろ》くこととなり――。

桶狭間《おけはざま》での勝利《しょうり》の十日後《かご》、信長《のぶなが》は早《はや》くも美濃攻《みのぜ》めを開始《かいし》した。

しかし、美濃攻《みのぜ》めはそう簡単《かんたん》には行《い》かなかった。信長《のぶなが》は六月《がつ》と八月《がつ》の二回《かい》にわたって戦《いくさ》に出《で》たが、失敗《しっぱい》してしまったのだ。

道三《どうさん》以来《いらい》の経済力《けいざいりょく》と軍事力《ぐんじりょく》は、義龍《よしたつ》の代《だい》になっても衰《おとろ》えていなかったのである。

（マムシの息子《むすこ》は、さすがに手強《てごわ》いか）

けれど、その義龍《よしたつ》も病《やまい》には勝《か》てず、翌年《よくとし》の永禄《えいろく》四年《ねん》（一五六一年《ねん》）五月《がつ》、三十五歳《さい》の若《わか》さで亡《な》くなった。

「今《いま》が好機《こうき》！」

義龍《よしたつ》の死《し》から三日後《かご》、信長《のぶなが》は美濃《みの》の家中《かちゅう》の混乱《こんらん》に乗《じょう》じて、ふたたび美濃攻《みのぜ》めを行《おこな》い、西《にし》美濃《みの》へと侵攻《しんこう》した。

織田軍《おだぐん》は千《せん》五百《ひゃく》。対《たい》する斎藤軍《さいとうぐん》は六千《せん》。

しかし、信長《のぶなが》にとって、四倍《ばい》の差《さ》などさして問題《もんだい》ではない。

この「森部《もりべ》の戦《たたか》い」では勝利《しょうり》を得《え》たが、美濃攻略《みのこうりゃく》の決定打《けっていだ》にはならなかった。義龍《よしたつ》の跡《あと》を継《つ》いだ竜興《たつおき》は弱冠《じゃっかん》十四歳《さい》だが、美濃《みの》の家臣《かしん》たちは優秀《ゆうしゅう》な者《もの》が多《おお》かったからだ。

その後《ご》も斎藤《さいとう》とは幾度《いくど》も戦《いくさ》をしたが、なかなか思《おも》うようにいかず……。

美濃《みの》攻《ぜ》めが難航《なんこう》する中《なか》、信長《のぶなが》は三河《みかわ》の松平元康《まつだいらもとやす》と同盟《どうめい》を結《むす》んだ。

「信長様《のぶながさま》、おなつかしゅうございます」

「竹千代《たけちよ》……いや、元康殿《もとやすどの》、息災《そくさい》でなによりだ」

元康《もとやす》は、あの〝父《ちち》に見捨《みす》てられた子《こ》〟——松平竹千代《まつだいらたけちよ》だ。元康《もとやす》はあれから二年後《ねんご》、今川《いまがわ》に人質《ひとじち》に取《と》られた信長《のぶなが》の長兄《ちょうけい》・信広《のぶひろ》と交換《こうかん》するかたちで駿河《するが》へ移《うつ》ったのである。そして成《せい》長《ちょう》したのち、今川義元《いまがわよしもと》の養女《ようじょ》と結婚《けっこん》し、今川《いまがわ》の一門衆《いちもんしゅう》に加《くわ》えられたのだ。

「桶狭間《おけはざま》の戦《たたか》い」の際《さい》、元康《もとやす》は大高城《おおだかじょう》を守《まも》っていたため、信長《のぶなが》と戦《たたか》うことはなく……。戦《せん》後《ご》は今川《いまがわ》を見限《みかぎ》り、三河《みかわ》を取《と》り戻《もど》すべく動《うご》いていたのである。

「やはり、おまえは馬鹿《ばか》ではなかったな」

おもしろそうに笑《わら》う信長《のぶなが》に、元康《もとやす》も笑《わら》ってうなずく。

「渋柿《しぶがき》は放《ほう》っておいたら甘《あま》くなりましたよ」

旧知《きゅうち》の間柄《あいだがら》のふたりは、たちまち意気投合《いきとうごう》し……世《よ》にいう「清須同盟《きよすどうめい》」が成立《せいりつ》。信長《のぶなが》と元康《もとやす》は盟友《めいゆう》となった。

永禄六年《えいろくねん》（一五六三年《ねん》）三月《がつ》には、信長《のぶなが》の長女《ちょうじょ》――側室《そくしつ》の吉乃《きつの》が産《う》んだ娘《むすめ》・徳姫《とくひめ》と元康《もとやす》の長男《ちょうなん》・信康《のぶやす》が婚約《こんやく》し、織田《おだ》と松平《まつだいら》の絆《きずな》はいっそう深《ふか》まったのである。

その年《とし》の七月《がつ》には、元康《もとやす》が「家康《いえやす》」と名《な》を改《あらた》め、今川《いまがわ》と完全《かんぜん》に決別《けつべつ》した。

〝元《もと》〟の字《じ》は義元《よしもと》から受《う》けた偏諱《へんき》であったので、これを捨《す》てることで今川《いまがわ》との縁《えん》を切《き》ったと表明《ひょうめい》したのだ。

「信長様《のぶながさま》、東《ひがし》の抑《おさ》えは私《わたし》におまかせください」

「ああ、頼《たの》んだぞ、家康殿《いえやすどの》」

これ以降《いこう》、家康《いえやす》は東《ひがし》へ、信長《のぶなが》は西《にし》へ――と、互《たが》いに背中《せなか》を預《あず》けるかたちで、それぞれの敵《てき》と戦《たたか》っていくことになったのである。

◆◆◆

信長《のぶなが》は美濃《みの》攻略《こうりゃく》のため、清須《きよす》よりは美濃《みの》に近《ちか》い小牧山《こまきやま》に城《しろ》を造《つく》り、ここを本拠《ほんきょ》とすることにした。

小牧山《こまきやま》は稲葉山城《いなばやまじょう》から見《み》える位置《いち》にある。斎藤《さいとう》に心理的《しんりてき》な揺《ゆ》さぶりをかけるため、この城《しろ》は三重《さんじゅう》に石垣《いしがき》を巡《めぐ》らせた。遠目《とおめ》に見《み》れば、あたかも石造《いしづく》りの堅固《けんご》な要塞《ようさい》が出現《しゅつげん》したかのように思《おも》うはずだ。

こうして美濃《みの》攻《ぜ》めを着々《ちゃくちゃく》と進《すす》める中《なか》、信長《のぶなが》は斎藤方《さいとうがた》に調略《ちょうりゃく》も仕掛《しか》け、美濃《みの》と尾張《おわり》の国境《くにざかい》に位置《いち》する武将《ぶしょう》たちを、次々《つぎつぎ》と織田《おだ》に寝返《ねがえ》らせることにも成功《せいこう》した。

この役目《やくめ》をまかせたのは、押《お》しかけ女房《にょうぼう》ならぬ、押《お》しかけ家来《けらい》となった木下秀吉《きのしたひでよし》である。秀吉《ひでよし》は草履取《ぞうりと》りからどんどん出世《しゅっせ》し、今《いま》や信長《のぶなが》の側近《そっきん》にまでなっていたのだ。

美濃《みの》を攻略《こうりゃく》する地固《じがた》めを進《すす》めた信長《のぶなが》は、次《つぎ》に美濃《みの》攻略《こうりゃく》の足《あし》がかりとして墨俣《すのまた》の地《ち》に砦《とりで》を築《きず》くことを決《き》め、重臣《じゅうしん》の柴田勝家《しばたかついえ》や佐久間信盛《さくまのぶもり》に工事《こうじ》を命《めい》じた。

が――これは困難《こんなん》を極《きわ》めた。美濃《みの》と尾張《おわり》の国境《くにざかい》にある墨俣《すのまた》は、川《かわ》がいくつも合流《ごうりゅう》する交《こう》通《つう》の要衝《ようしょう》。それゆえ、斎藤方《さいとうがた》も砦《とりで》を築《きず》かせまいと幾度《いくど》も妨害《ぼうがい》してきたのである。

「おまえたちは砦《とりで》のひとつも造《つく》れないのか」

不機嫌《ふきげん》極《きわ》まりない信長《のぶなが》に対《たい》し、勝家《かついえ》と信盛《のぶもり》がおそるおそる言《い》い訳《わけ》をする。

「おそれながら、墨俣《すのまた》は敵地《てきち》ゆえ……」

「前《まえ》は敵《てき》、後《うし》ろは川《かわ》となれば、なかなか難《むずか》しく……」

「そのようなこと、最初《さいしょ》からわかりきっていることではないか。それをどうにかするのが、おまえたちの役目《やくめ》であろう」

「し、しかし……」

そのとき、家臣団《かしんだん》の後《うし》ろから「その役目《やくめ》、ぜひ、この猿《さる》めに！」と声《こえ》が上《あ》がった。秀吉《ひでよし》である。

秀吉《ひでよし》は機転《きてん》の利《き》く男《おとこ》で、清須城《きよすじょう》の石垣《いしがき》が崩《くず》れた際《さい》、なかなか進《すす》まない修復工事《しゅうふくこうじ》をたった二日《か》でやってのけた——という実績《じっせき》があった。人《ひと》を集《あつ》めて食《た》べ物《もの》と酒《さけ》を振《ふ》る舞《ま》い、担当箇所《たんとうかしょ》を十か所《しょ》に細《こま》かく分《わ》け、それぞれに責任者《せきにんしゃ》を置《お》いて工事《こうじ》を競《きそ》わせるという知恵《ちえ》を働《はたら》かせ、短期間《たんきかん》で仕上《しあ》げてみせたのだ。

「桶狭間《おけはざま》の戦《たたか》い」には秀吉《ひでよし》も参戦《さんせん》していたが、たいした功績《こうせき》はない。しかし、こうした頭《あたま》を使《つか》う戦略《せんりゃく》には才能《さいのう》を発揮《はっき》する男《おとこ》だ。

「いいだろう。猿《さる》、やってみろ」

「ははっ、おまかせを！」

すぐに現地《げんち》に向《む》かった秀吉《ひでよし》は、じっくりと土地《とち》の様子《ようす》を見《み》てまわった。長良川《ながらがわ》の西岸《せいがん》に位置《いち》する墨俣《すのまた》は交通《こうつう》の要衝《ようしょう》だが、いくつもの川《かわ》が合流《ごうりゅう》しているがゆえに湿地《しっち》が広《ひろ》がり、足場《あしば》の悪《わる》いところだ。しかも、敵地《てきち》に一歩《いっぽ》踏《ふ》み込《こ》んだところにあるため、斎藤方《さいとうがた》の妨害《ぼうがい》も受《う》けやすい。

「なるほどなあ、前《まえ》は敵《てき》、後《うし》ろは川《かわ》……。確《たし》かに、これではなかなか進《すす》まぬ。しかし、それをどうにかするのが、わしの役目《やくめ》……うーむむむ……あっ！」

川《かわ》を眺《なが》めているうちに、秀吉《ひでよし》の頭《あたま》にひらめきが走《はし》った。

「そうじゃ！　川《かわ》を利用《りよう》すればいい！　そうすればすぐに砦《とりで》が造《つく》れるぞ！」

秀吉《ひでよし》はさっそく近隣《きんりん》から千人余《せんにんあま》り集《あつ》めると、三分《ぶん》の一は敵《てき》を防《ふせ》ぐ兵《へい》として配置《はいち》し、残《のこ》りの三分《ぶん》の二を使《つか》って工事《こうじ》に取《と》りかかった。

必要《ひつよう》な木材《もくざい》は、あらかじめ上流《じょうりゅう》で切《き》り出《だ》した木《き》を櫓《やぐら》や塀《へい》を造《つく》る用材《ようざい》に加工《かこう》し、それを筏《いかだ》に組《く》んで下流《かりゅう》へと運《はこ》び、それを墨俣《すのまた》で回収《かいしゅう》してばらし、次々《つぎつぎ》と組《く》み上《あ》げていく。

「こうすれば早《はや》い、早《はや》い！」

秀吉《ひでよし》はわずかな期間《きかん》で砦《とりで》を完成《かんせい》させた。これは「墨俣一夜城《すのまたいちやじょう》」と呼《よ》ばれ、美濃《みの》に対《たい》して織田《おだ》の脅威《きょうい》を見《み》せつけることに成功《せいこう》したのである。

◆◆◆

永禄十年《えいろくねん》（一五六七年《ねん》）八月《がつ》、〝西美濃三人衆《にしみのさんにんしゅう》〟と呼《よ》ばれる斎藤《さいとう》の重臣《じゅうしん》たちが、信長《のぶなが》につくことを表明《ひょうめい》した。その中《なか》には信長《のぶなが》の器《うつわ》をよく知《し》る男《おとこ》がいた。昔《むかし》、「村木砦《むらきとりで》の戦《たたか》い」の際《さい》に援軍《えんぐん》として那古野《なごや》へやってきた安藤守就《あんどうもりなり》だ。

重臣《じゅうしん》たちの裏切《うらぎ》りにあった斎藤《さいとう》の家中《かちゅう》は揺《ゆ》れに揺《ゆ》れ――。

「今《いま》が好機《こうき》！　美濃《みの》を手《て》に入《い》れるぞ！」

信長《のぶなが》はすぐに出陣《しゅつじん》し、稲葉山城《いなばやまじょう》を囲《かこ》んだ。

竜興《たつおき》はたいした抵抗《ていこう》もできず……城《しろ》を明《あ》け渡《わた》して、伊勢長島《いせながしま》へと落《お》ち延《の》びていった。戦国大名《せんごくだいみょう》としての斎藤氏《さいとうし》は滅《ほろ》んだのだ。

（時間《じかん》はかかったが、義父上《ちちうえ》の遺言《ゆいごん》を守《まも》れてよかった）

義父《ちち》・道三《どうさん》が亡《な》くなってから、約《やく》十年《ねん》。

こうして、信長《のぶなが》は念願《ねんがん》の「美濃平定《みののへいてい》」をなしたのである。

信長《のぶなが》は小牧山城《こまきやまじょう》から稲葉山城《いなばやまじょう》へと移《うつ》り、城下《じょうか》の町《まち》を井ノ口《いのくち》から「岐阜《ぎふ》」と改《あらた》めた。

岐《ぎ》の字《じ》は中国《ちゅうごく》の岐山《きざん》から、阜《ふ》は学問《がくもん》の祖《そ》・孔子《こうし》の生《う》まれた地《ち》・曲阜《きょくふ》から採《と》った。古代中《こだいちゅう》国《ごく》にて周《しゅう》の文王《ぶんおう》が岐山《きざん》から身《み》をおこして殷《いん》を滅《ほろ》ぼし、天下《てんか》を手《て》に入《い》れたという故事《こじ》にちなんだのだ。

(天下《てんか》か――)

峻険《しゅんけん》な山《やま》の頂《いただき》に建《た》つ稲葉山城《いなばやまじょう》からの眺《なが》めは良《よ》く、実《じつ》に素晴《すば》らしい。眼下《がんか》に広《ひろ》がる広大《こうだい》な平野《へいや》。縫《ぬ》うように流《なが》れる長良川《ながらがわ》のきらめき。城下《じょうか》の家々《いえいえ》は米粒《こめつぶ》のように小《ちい》さく見《み》える。

「濃《のう》、なつかしいか」

「はい……信長様《のぶながさま》、美濃《みの》を手《て》に入《い》れてくださって、ありがとうございます」

信長《のぶなが》は懐《ふところ》から小《ちい》さな袋《ふくろ》を出《だ》し、そこから丸《まる》みを帯《お》びた印《いん》を取《と》り出《だ》した。

「それは?」

「天下布武《てんかふぶ》と彫《ほ》ってある。天下《てんか》に武《ぶ》を布《し》く――つまり、武家政権《ぶけせいけん》でもって天下《てんか》を治《おさ》めるという意味《いみ》だ」

「天下《てんか》を治《おさ》める……」

濃《のう》は西《にし》の方角《ほうがく》を見《み》た。

京《きょう》の室町幕府《むろまちばくふ》は足利氏《あしかがし》が興《おこ》した武家政権《ぶけせいけん》だ。が、その権勢《けんせい》は、第《だい》八代将軍《だいしょうぐん》・足利義政《あしかがよしまさ》の代《だい》で起《お》こった、日本《にほん》が真《ま》っ二《ぷた》つに分《わ》かれて戦《たたか》った「応仁《おうにん》の乱《らん》」（応仁元年《おうにんがんねん》／一四六七年《ねん》）を機《き》に衰《おとろ》え、かつての勢《いきお》いはない。

「ああ、俺《おれ》は天下《てんか》を取《と》る」

信長《のぶなが》の目《め》には、力強《ちからづよ》い光《ひかり》が宿《やど》っていた。

美濃《みの》の隣国《りんごく》・甲斐《かい》の武田信玄《たけだしんげん》とはすでに同盟《どうめい》を結《むす》んでいる。東《ひがし》の守《まも》りは家康《いえやす》にまかせておけば大丈夫《だいじょうぶ》だ。背後《はいご》を狙《ねら》われる心配《しんぱい》はない。

こうして、信長《のぶなが》は「天下統一《てんかとういつ》」という夢《ゆめ》に向《む》かって走《はし》り出《だ》したのである。

第十一章◆足利義昭《あしかがよしあき》を奉《ほう》じて上洛《じょうらく》する

信長《のぶなが》が美濃《みの》を制《せい》した頃《ころ》、武家《ぶけ》の頂点《ちょうてん》に立《た》つ室町幕府《むろまちばくふ》はもはや風前《ふうぜん》の灯《ともしび》であった。

第《だい》十三代将軍《だいしょうぐん》・足利義輝《あしかがよしてる》が永禄《えいろく》九年《ねん》（一五六六年《ねん》）に暗殺《あんさつ》されて以降《いこう》、実権《じっけん》を握《にぎ》っているのは、〝三好三人衆《みよしさんにんしゅう》〟（三好長逸《みよしながやす》・三好政康《みよしまさやす》・岩成友通《いわなりともみち》）と呼《よ》ばれる一派《いっぱ》である。

亡《な》き義輝《よしてる》の弟《おとうと》・義秋《よしあき》（のちの義昭《よしあき》）は暗殺者《あんさつしゃ》たちの目《め》を逃《のが》れ、将軍家《しょうぐんけ》に縁《えん》のある朝倉義《あさくらよし》景《かげ》を頼《たよ》って越前《えちぜん》に身《み》を寄《よ》せていたのだが……義景《よしかげ》は頼《たよ》りにならなかった。義景《よしかげ》には天下《てんか》を狙《ねら》おうという野望《やぼう》もなく、厄介事《やっかいごと》に巻《ま》き込《こ》まれるのを嫌《きら》ったからだ。

しかし、越前《えちぜん》には、薄《うす》いながらも幕府《ばくふ》に縁《えん》のある血筋《ちすじ》を持《も》つ男《おとこ》がいた。

その名《な》を、明智光秀《あけちみつひで》という。

光秀《みつひで》は斎藤道三《さいとうどうさん》とその息子《むすこ》・義龍《よしたつ》の戦《いくさ》の折《おり》、道三《どうさん》に味方《みかた》したが、義龍《よしたつ》の兵《へい》に攻《せ》められて美濃《みの》を落《お》ち、流《なが》れ流《なが》れて今《いま》は越前《えちぜん》の朝倉義景《あさくらよしかげ》に仕《つか》えているのだ。

光秀《みつひで》は、越前《えちぜん》へ義秋《よしあき》を連《つ》れてきた幕府《ばくふ》の重臣《じゅうしん》・細川藤孝《ほそかわふじたか》に助力《じょりょく》を申《もう》し出《で》た。

「私《わたし》もぜひ義秋様《よしあきさま》のお役《やく》に立《た》ちたく思《おも》います。明智《あけち》は土岐氏《ときし》の流《なが》れを汲《く》む家柄《いえがら》。幕府《ばくふ》との縁《えん》は浅《あさ》からぬものがありますゆえ」

そう言《い》って、光秀《みつひで》は「織田信長《おだのぶなが》を頼《たよ》ってはいかがでしょう」と進言《しんげん》した。

「織田《おだ》？　尾張《おわり》のか」

「はい、信長《のぶなが》は昨年《さくねん》、美濃《みの》を平定《へいてい》しました。美濃《みの》を足《あし》がかりとして、いずれは上洛《じょうらく》するつもりでしょう」

信長《のぶなが》は稲葉山城《いなばやまじょう》を岐阜城《ぎふじょう》と改《あらた》め、「天下布武《てんかふぶ》」という印《いん》を使《つか》いはじめていた。が、その意味《いみ》を知《し》ると、藤孝《ふじたか》が苦《にが》い顔《かお》をした。

「しかし、それでは頼《たよ》ったところで、いずれ信長《のぶなが》は義秋様《よしあきさま》をないがしろにするのでは？」

「いかに信長《のぶなが》が飛《と》ぶ鳥《とり》を落《お》とす勢《いきお》いでも、そう簡単《かんたん》に朝廷《ちょうてい》や幕府《ばくふ》の権威《けんい》に逆《さか》らえるものではありません。それに信長《のぶなが》とて今《いま》は京《きょう》へ上《のぼ》る大義名分《たいぎめいぶん》がほしいはず」

「ふむ……利害《りがい》の一致《いっち》というわけか」

「ええ。朝倉《あさくら》があてにならぬ今《いま》、ほかに方法《ほうほう》はありますまい」

それに光秀《みつひで》には伝手《つて》がないわけではなかった。亡《な》き斎藤道三《さいとうどうさん》の正室《せいしつ》・小見《おみ》の方《かた》は光秀《みつひで》の叔母《おば》——つまり、信長《のぶなが》の正室《せいしつ》・濃《のう》は光秀《みつひで》の従妹《いとこ》にあたるのだ。

「では、光秀殿《みつひでどの》。よろしく頼《たの》む」

光秀《みつひで》の提案《ていあん》に藤孝《ふじたか》も乗《の》り、さっそく光秀《みつひで》は濃《のう》に宛《あ》てて手紙《てがみ》を書《か》き、美濃《みの》へと使者《ししゃ》を走《はし》らせた。

◆◆◆

光秀《みつひで》からの手紙《てがみ》を受《う》け取《と》った濃《のう》は、さっそく信長《のぶなが》に渡《わた》した。

「従兄《いとこ》の光秀《みつひで》は、最後《さいご》まで父《ちち》・道三《どうさん》の味方《みかた》でした。とても信頼《しんらい》できる方《かた》です」

妻《つま》の言葉《ことば》に加《くわ》え、手紙《てがみ》の内容《ないよう》は信長《のぶなが》にとっても旨味《うまみ》のある話《はなし》だった。

亡《な》き将軍《しょうぐん》の弟《おとうと》を奉《ほう》じて、兵《へい》を挙《あ》げる――。

「これで京《きょう》へ上《のぼ》る大義名分《たいぎめいぶん》ができたな」

信長《のぶなが》は義秋《よしあき》を美濃《みの》に迎《むか》え入《い》れて保護《ほご》することを決《き》めたが、京《きょう》へ上《のぼ》るには隣国《りんごく》の近江《おうみ》を通《とお》らねばならない。

すると、渡《わた》りに船《ふね》というか、今度《こんど》は北近江《きたおうみ》を統《す》べる浅井長政《あざいながまさ》から「織田《おだ》と同盟《どうめい》を結《むす》びたい」と持《も》ちかけてきた。

近江国《おうみのくに》は北《きた》の浅井氏《あざいし》と南《みなみ》の六角氏《ろっかくし》が対立《たいりつ》しており、長政《ながまさ》としても隣国《りんごく》の美濃《みの》を制《せい》した織《お》田《だ》と同盟《どうめい》を結《むす》ぶのは願《ねが》ってもないことなのだ。

信長《のぶなが》は妹《いもうと》のお市《いち》を浅井《あざい》へ嫁《とつ》がせることにした。お市《いち》は清楚《せいそ》で美《うつく》しく、どこに嫁《よめ》に出《だ》しても恥《は》ずかしくない姫《ひめ》だ。

嫁入《よめい》り先《さき》が決《き》まったと伝《つた》えると、なぜかお市《いち》は頬《ほお》をふくらませた。

「やっと決《き》まったのですね。十五を過《す》ぎた頃《ころ》から、このままでは行《い》き遅《おく》れるのではないかと思《おも》っておりました。兄上《あにうえ》が決《き》めた殿方《とのがた》なら、喜《よろこ》んで嫁《よめ》に行《い》きます」

「市《いち》、怒《おこ》っているのか喜《よろこ》んでいるのか、どっちなんだ？」

「もちろん、うれしいに決《き》まってます！　でも……母上《ははうえ》や兄上《あにうえ》と離《はな》れるのは……」

さびしそうにうつむく妹《いもうと》の顔《かお》を見《み》て、信長《のぶなが》は「すまぬな」とつぶやいた。妻《つま》の濃《のう》もそうだが、同盟《どうめい》を結《むす》ぶ際《さい》、武家《ぶけ》の姫《ひめ》が他国《たこく》へ嫁《とつ》ぐのは戦略上《せんりゃくじょう》、仕方《しかた》ない。

お市《いち》は翌年《よくとし》の春《はる》に浅井《あざい》へ嫁《とつ》ぐことが決《き》まり――。

その年《とし》の暮《く》れには、義秋《よしあき》の使者《ししゃ》として光秀《みつひで》が美濃《みの》を訪《おとず》れた。

「信長様《のぶながさま》、亡《な》き主君《しゅくん》・斎藤道三《さいとうどうさん》の遺志《いし》を継《つ》ぎ、美濃《みの》を平定《へいてい》されたましたこと……大変喜《たいへんよろこ》ばしく思《おも》っております。道三様《どうさんさま》も認《みと》められたそのお力《ちから》を、ぜひとも義秋様《よしあきさま》に貸《か》していただきたく、こうして参上《さんじょう》いたしました」

「我《わ》が妻《つま》・濃《のう》の従兄殿《いとこどの》は実《じつ》に優秀《ゆうしゅう》な男《おとこ》だと聞《き》いている。光秀殿《みつひでどの》、よろしく頼《たの》むぞ」

これが、のちに信長《のぶなが》の命運《めいうん》を握《にぎ》ることになる、光秀《みつひで》との出会《であ》いであった。

◆◆◆

永禄十一年《えいろくじゅういちねん》（一五六八年《ねん》）春《はる》、お市《いち》が浅井長政《あざいながまさ》と結婚《けっこん》。

そして、七月《がつ》、足利義昭《あしかがよしあき》（この年《とし》の四月《がつ》に元服《げんぷく》し、改名《かいめい》）が越前《えちぜん》を発《た》って美濃《みの》へ向《む》かい、途中《とちゅう》、北近江《きたおうみ》に寄《よ》り、長政《ながまさ》の饗応《きょうおう》を受《う》けた。

「義昭様《よしあきさま》、この長政《ながまさ》、我《わ》が義兄《あに》――信長殿《のぶながどの》とともに義昭様《よしあきさま》の上洛《じょうらく》を、全力《ぜんりょく》でお支《ささ》えする所《しょ》存《ぞん》にて」

「おお、長政殿《ながまさどの》、頼《たよ》りにしていますぞ」

大変満足《たいへんまんぞく》して北近江《きたおうみ》を発《た》った義昭《よしあき》は、二十二日《にち》に岐阜城下《ぎふじょうか》の立政寺《りゅうしょうじ》に入《はい》った。

「将軍《しょうぐん》にふさわしいのは、義昭様《よしあきさま》です。この信長《のぶなが》におまかせください」

この年《とし》の二月《がつ》、義昭《よしあき》の従兄《いとこ》・義栄《よしひで》が室町幕府《むろまちばくふ》第《だい》十四代将軍《だいしょうぐん》の座《ざ》に就《つ》いたが、これは〝三《み》好三人衆《よしさんにんしゅう》〟の傀儡政権《かいらいせいけん》で義栄《よしひで》に実権《じっけん》はない。義昭《よしあき》は信長《のぶなが》の力《ちから》を借《か》り、将軍《しょうぐん》の座《ざ》を手《て》に入《い》れるとともに幕府《ばくふ》の権威回復《けんいかいふく》を目指《めざ》していた。

「おお、信長殿《のぶながどの》、頼《たよ》りにしておりますぞ。それにしても、岐阜《ぎふ》の城下《じょうか》は京《きょう》の都《みやこ》に負《ま》けぬにぎわいですな」

「お褒《ほ》めいただき、光栄《こうえい》です。もとはといえば、我《わ》が妻《つま》、濃《のう》の父《ちち》・斎藤道三《さいとうどうさん》が発展《はってん》させたもの……」

信長《のぶなが》は「楽市楽座《らくいちらくざ》」を奨励《しょうれい》し、商業《しょうぎょう》を発展《はってん》させていた。楽市《らくいち》はもともと道三《どうさん》が行《おこな》っていたもので、信長《のぶなが》はそれを受《う》け継《つ》ぎ、ますます盛《さか》んにさせたのである。

義昭《よしあき》は信長《のぶなが》の武力《ぶりょく》だけでなく国《くに》の経営者《けいえいしゃ》としての手腕《しゅわん》を見《み》て、大《おお》いに気《き》を良《よ》くした。国《くに》を治《おさ》めるには資金力《しきんりょく》も重要《じゅうよう》だ。それに信長《のぶなが》は、この二月《がつ》に伊勢《いせ》の平定《へいてい》に乗《の》り出《だ》している。西《にし》へ西《にし》へと意識《いしき》が向《む》いているのがわかる。

(この男《おとこ》にまかせれば、わしは将軍《しょうぐん》になれる)

こうして義昭《よしあき》を迎《むか》え入《い》れた信長《のぶなが》は、上洛《じょうらく》の準備《じゅんび》を着々《ちゃくちゃく》と進《すす》めていき——。

九月《がつ》には四万《まん》の軍勢《ぐんぜい》を率《ひき》いて上洛《じょうらく》を目指《めざ》し、その途中《とちゅう》で長政《ながまさ》と協力《きょうりょく》し、南近江《みなみおうみ》の六角氏《ろっかくし》を滅《ほろ》ぼした。

その後《ご》、予定《よてい》どおり義昭《よしあき》を奉《ほう》じて上洛《じょうらく》した信長《のぶなが》はさっそく畿内《きない》の平定《へいてい》に乗《の》り出《だ》し、義栄《よしひで》を担《かつ》ぎ上《あ》げていた者《もの》たちを追《お》い落《お》とし——。

そして、十月《がつ》十八日《にち》、義昭《よしあき》が無事《ぶじ》に第《だい》十五代将軍《だいしょうぐん》の座《ざ》に就《つ》いたのである。

「これもすべて信長殿《のぶながどの》のおかげじゃ。骨折《ほねお》り、感謝《かんしゃ》する。信長殿《のぶながどの》には副将軍《ふくしょうぐん》の地位《ちい》を授《さず》けようと思《おも》う」

が、信長《のぶなが》はきっぱり拒否《きょひ》した。

「地位《ちい》などいりません」

「なに？　いらぬとな？　困《こま》ったのう……では、なにがいいのじゃ」

「では……摂《せっ》津の堺《さかい》と、近江《おうみ》の大津《おおつ》と草津《くさつ》を」

「国《くに》ではなく、町《まち》とな。信長殿《のぶながどの》は欲《よく》がないのう」

義昭《よしあき》は信長《のぶなが》の願《ねが》いを聞《き》き入《い》れ、この三か所《しょ》を直轄地《ちょっかつち》として与《あた》えた。

(お飾《かざ》りの地位《ちい》など無用《むよう》。必要《ひつよう》なのは人《ひと》や物《もの》を動《うご》かす金《かね》だ)

堺《さかい》は南蛮貿易《なんばんぼうえき》で栄《さか》える港町《みなとまち》で、近江《おうみ》の大津《おおつ》は琵琶湖《びわこ》の南《みなみ》に位置《いち》する交通《こうつう》の要衝《ようしょう》、草津《くさつ》は東海道《とうかいどう》と中山道《なかせんどう》の分岐点《ぶんきてん》にあり、軍事上《ぐんじじょう》、重要《じゅうよう》な地点《ちてん》だ。信長《のぶなが》の狙《ねら》いは、これらの町《まち》から入《はい》る莫大《ばくだい》な税収《ぜいしゅう》だったのである。

一方《いっぽう》で、義昭《よしあき》は裏《うら》で尽力《じんりょく》した光秀《みつひで》にも感謝《かんしゃ》し、褒美《ほうび》を与《あた》えることにした。

「光秀《みつひで》、なにもかもそちのおかげじゃ。礼《れい》を言《い》うぞ」

「いえ、土岐《とき》氏《し》の流《なが》れを汲《く》む者《もの》として、私《わたし》は当然《とうぜん》のことをしたまでです」

「これまた欲《よく》がないのう。なにか望《のぞ》みのものがあれば言《い》うてみい」

「……それでしたら、私《わたし》を信長様《のぶながさま》に推挙《すいきょ》していただければ……」

「なに？　織田《おだ》に行《い》きたいと申《もう》すのか」

「はい。美濃《みの》を出《で》てからは流浪《るろう》の身《み》。朝倉《あさくら》に戻《もど》るつもりはありません」

「そうか、美濃《みの》に帰《かえ》りたいのじゃな。それに、そちがこれからもわしと信長殿《のぶながどの》の間《あいだ》をつないでくれれば安心《あんしん》というもの」

光秀《みつひで》の故郷《こきょう》の美濃《みの》は今《いま》、織田《おだ》が支配《しはい》している。それに従妹《いとこ》の濃《のう》が信長《のぶなが》の妻《つま》なら、光秀《みつひで》は優遇《ゆうぐう》されるだろう。

義昭《よしあき》は光秀《みつひで》を推挙《すいきょ》し、信長《のぶなが》は喜《よろこ》んで迎《むか》えた。信長《のぶなが》も同《おな》じことを考《かんが》え、光秀《みつひで》を義昭《よしあき》との調整役《ちょうせいやく》として頼《たよ》りにすることにしたのだ。

こうして、信長《のぶなが》の家臣《かしん》となった光秀《みつひで》は翌年《よくとし》、木下秀吉《きのしたひでよし》、丹羽長秀《にわながひで》、中川秀政《なかがわひでまさ》らとともに京都奉行《きょうとぶぎょう》となった。織田《おだ》に仕《つか》えて早々《そうそう》に、長秀《ながひで》のような古《ふる》くからの家臣《かしん》と同《おな》じく、このような重要《じゅうよう》な役職《やくしょく》を与《あた》えられるとは異例《いれい》の出世《しゅっせ》だ。

それだけ、光秀《みつひで》に対《たい》する信長《のぶなが》の期待《きたい》は大《おお》きかったのである。

第十二章◆金ケ崎《かねがさき》の退《の》き口《くち》

京《きょう》の町《まち》を戦火《せんか》にさらすことなく上洛《じょうらく》し、治安《ちあん》を安定《あんてい》させた信長《のぶなが》の人気《にんき》はどんどん上《あ》がっていき、朝廷《ちょうてい》からの信頼《しんらい》も厚《あつ》くなっていった。

前後《ぜんご》して伊勢《いせ》の攻略《こうりゃく》を進《すす》めていた信長《のぶなが》は、永禄《えいろく》十二年《ねん》（一五六九年《ねん》）十月《がつ》、平定《へいてい》に成功《せいこう》。

そして、翌年《よくとし》の永禄《えいろく》十三年《ねん》（一五七〇年《ねん》）一月《がつ》、信長《のぶなが》は各地《かくち》の有力武将《ゆうりょくぶしょう》たちに、

「天下《てんか》いよいよ静謐《せいひつ》のために」

と上洛《じょうらく》して将軍《しょうぐん》・足利義昭《あしかがよしあき》にあいさつするよう書状《しょじょう》を出《だ》し、これを受《う》けて次々《つぎつぎ》と武将《ぶしょう》たちが京《きょう》へ出向《でむ》いたが、越前《えちぜん》の朝倉義景《あさくらよしかげ》は何度《なんど》もこれを無視《むし》した。

義昭《よしあき》を越前《えちぜん》に迎《むか》えておいて、なんの力《ちから》にもなれなかったという負《お》い目《め》もあったかもしれないが、信長《のぶなが》の命令《めいれい》に従《したが》うのが気《き》に食《く》わない――というのが本心《ほんしん》のようだった。

「いつまでも京《きょう》に来《こ》ぬなら、〝謀叛《むほん》〟とみなす」

業《ごう》を煮《に》やした信長《のぶなが》は朝倉攻《あさくらぜ》めの兵《へい》を挙《あ》げると素早《すばや》く進撃《しんげき》して、朝倉方《あさくらがた》の手筒山城《てづつやまじょう》と金《かね》ケ《が》崎城《さきじょう》を落《お》とした。

「この勢《いきお》いならば、数日《すうじつ》のうちに義景《よしかげ》のいる一乗谷城《いちじょうだにじょう》を落《お》とせましょうぞ」

木下秀吉《きのしたひでよし》が猿《さる》のような顔《かお》をくしゃくしゃにして笑《わら》い、他《ほか》の家臣《かしん》たちも力強《ちからづよ》くうなずく。

こうして、織田軍《おだぐん》の士気《しき》がより高《たか》まった頃《ころ》――。

「浅井《あざい》からお市《いち》の方様《かたさま》の使《つか》いが参《まい》りました。陣中見舞《じんちゅうみま》いだそうです」

浅井長政《あざいながまさ》の妻《つま》となった妹《いもうと》のお市《いち》から届《とど》いたのは、漆塗《うるしぬ》りの文箱《ふばこ》だった。手紙《てがみ》が入《はい》っているにしては重《おも》さがある。

「なんだ？　菓子《かし》でも入《はい》っているのか？」

怪訝《けげん》な顔《かお》で信長《のぶなが》が文箱《ふばこ》を開《あ》けると、中《なか》には両端《りょうはし》を縛《しば》った袋《ふくろ》が入《はい》っていた。中身《なかみ》がぎっしり詰《つ》まっているようで、ぱんぱんにふくらんでいる。

不思議《ふしぎ》に思《おも》いながら、袋《ふくろ》の口《くち》を縛《しば》っていた紐《ひも》をほどくと、中《なか》からざあっとたくさんの小豆《あずき》が出《で》てきた。陣中見舞《じんちゅうみま》いにしては妙《みょう》だ。

「小豆《あずき》……？」

誰《だれ》もが首《くび》を傾《かし》げる中《なか》、秀吉《ひでよし》が「わかりました！」と、ぽんと手《て》を打《う》った。

「これは、なぞかけですな。『まめまめしくお働《はたら》きください』という意味《いみ》で、お市様《いちさま》がくださったのでしょう。さっそく、この小豆《あずき》を煮《に》て――痛《いた》っ」

お市《いち》なりの励《はげ》ましと取《と》った秀吉《ひでよし》の頭《あたま》を、信長《のぶなが》が閉《と》じた扇《おうぎ》でパシッと叩《たた》いた。

「猿《さる》、これは違《ちが》う。前《まえ》も後《うし》ろも封《ふう》じ込《こ》められているという意味《いみ》だ」

「へ？」

「まだわからぬのか⁉　浅井《あざい》が裏切《うらぎ》ったと、お市《いち》が知《し》らせてきたのだ！」

「なんと！」

「……浅井《あざい》が⁉」

まさかの事態《じたい》に、陣中《じんちゅう》はにわかに騒然《そうぜん》となった。

同盟関係《どうめいかんけい》にあった浅井《あざい》の裏切《うらぎ》りなど、しかも信長《のぶなが》の義弟《ぎてい》となった長政《ながまさ》が裏切《うらぎ》るなど、誰《だれ》も思《おも》っていなかったのである。

「浅井《あざい》は古《ふる》くからの朝倉《あさくら》との同盟《どうめい》に重《おも》きを置《お》いたのでしょう。長政殿《ながまさどの》は父《ちち》・久政殿《ひさまさどの》の意見《いけん》に押《お》されたかと」

そう言《い》ったのは、明智光秀《あけちみつひで》だった。

浅井《あざい》にとって北《きた》の隣国《りんごく》・越前《えちぜん》の朝倉《あさくら》との縁《えん》は、二年前《ねんまえ》に美濃《みの》を制《せい》して同盟《どうめい》を結《むす》んだばかりの織田《おだ》よりも古《ふる》いのだ。

「前《まえ》は朝倉《あさくら》、後《うし》ろは浅井《あざい》……まさに〝袋《ふくろ》のねずみ〟というわけだな。全軍撤退《ぜんぐんてったい》せよ！」

信長《のぶなが》は京《きょう》へ向《む》かって脱出《だっしゅつ》することになり、もっとも危険《きけん》な殿軍《でんぐん》を、秀吉《ひでよし》、光秀《みつひで》、池田勝正《いけだかつまさ》にまかせた。追《お》ってくる敵軍《てきぐん》から本隊《ほんたい》を逃《に》がすために最後尾《さいこうび》を守《まも》りつつ、自身《じしん》も無事《ぶじ》に引《ひ》き揚《あ》げるという、非常《ひじょう》に難《むずか》しい役目《やくめ》だ。

「この窮地《きゅうち》、わしは猿《さる》ゆえ、身軽《みがる》に切《き》り抜《ぬ》けてみせますぞ！」

「我《われ》ら三人《にん》、必《かなら》ず生《い》きて信長様《のぶながさま》のもとへ帰《かえ》りましょう！」

「ええ、必《かなら》ず！」

　秀吉《ひでよし》たちは旗指物《はたさしもの》を多《おお》く立《た》て、かがり火《び》を焚《た》き、鉄砲《てっぽう》を打《う》ち鳴《な》らして、敵《てき》を引《ひ》きつけて戦《たたか》い、時間《じかん》を稼《かせ》いだ。


　わずか十名《めい》ほどの供《とも》に守《まも》られた信長《のぶなが》は馬《うま》に乗《の》り、京《きょう》を目指《めざ》した。

（市《いち》の報《しら》せがなければ、今頃《いまごろ》は――）

　嫁《とつ》いだ姫《ひめ》は同盟《どうめい》を結《むす》んだ家《いえ》との架《か》け橋《はし》になるのと同時《どうじ》に、実家《じっか》への密偵役《みっていやく》も兼《か》ねている。心《こころ》やさしい妹《いもうと》に過酷《かこく》な運命《うんめい》を背負《せお》わせてしまったことを心苦《こころぐる》しく思《おも》いながらも、信長《のぶなが》は駆《か》けに駆《か》けたのだった。

　命《いのち》からがら京《きょう》に着《つ》いたが、問題《もんだい》はここからである。急《いそ》ぎ岐阜《ぎふ》へ戻《もど》るには、敵地《てきち》を通《とお》らねばならない。

　そうして、京《きょう》を発《た》った信長《のぶなが》が岐阜《ぎふ》を目指《めざ》して山中《さんちゅう》を進《すす》んでいたとき――。

　パァーン！

　あたりに銃声《じゅうせい》が響《ひび》いた。狙撃《そげき》されたのだ。

「信長様《のぶながさま》！」

「大丈夫《だいじょうぶ》ですか⁉」

供《とも》の者《もの》たちは騒然《そうぜん》となった。

「急《いそ》ぎ、狙撃者《そげきしゃ》を捕《と》らえよ！」

「いや、放《ほう》っておけ。先《さき》を急《いそ》ぐのだ！」

弾《たま》は着物《きもの》の袖《そで》に当《あ》たったものの、幸《さいわ》いなことに信長《のぶなが》は傷《きず》ひとつ負《お》っていなかった。

ふたたび走《はし》りだした信長《のぶなが》は、金ヶ崎《かねがさき》を脱出《だっしゅつ》してから半月後《はんつきご》――ようやく岐阜《ぎふ》にたどり着《つ》いた。

「戻《もど》ったぞ、濃《のう》」

「信長様《のぶながさま》、ご無事《ぶじ》でなによりでした。それにしても、浅井《あざい》が裏切《うらぎ》るなんて――」

お市《いち》のことを心配《しんぱい》して暗《くら》い顔《かお》をした濃《のう》に、信長《のぶなが》も重《おも》い息《いき》をつく。

「ああ、俺《おれ》も最初《さいしょ》は信《しん》じられなかった……」

天下統一《てんかとういつ》はそう簡単《かんたん》に成《な》し遂《と》げられるものではないのだと、信長《のぶなが》は痛感《つうかん》していた。

◆◆◆

無事《ぶじ》に岐阜《ぎふ》へ戻《もど》った翌月《よくげつ》の六月《がつ》。

「こうなれば、浅井《あざい》も討《う》つ！」

義弟《ぎてい》の裏切《うらぎ》りに怒《いか》り心頭《しんとう》に発《はっ》した信長《のぶなが》は挙兵《きょへい》し、盟友《めいゆう》の徳川家康《とくがわいえやす》（かつての松平家康《まつだいらいえやす》）を援軍《えんぐん》に迎《むか》えて、浅井攻《あざいぜ》めに向《む》かった。

北近江《きたおうみ》を流《なが》れる姉川《あねがわ》を挟《はさ》み、織田《おだ》・徳川連合軍《とくがわれんごうぐん》二万《まん》五千《せん》、浅井《あざい》・朝倉連合軍《あさくられんごうぐん》一万《まん》八千《せん》が激突《げきとつ》。

この「姉川《あねがわ》の戦《たたか》い」は最初《さいしょ》のうちは、浅井《あざい》・朝倉《あさくら》に有利《ゆうり》に展開《てんかい》し、信長《のぶなが》は十三段構《だんかま》えた陣《じん》のうち、十一段目《だんめ》まで突破《とっぱ》されるという大苦戦《だいくせん》を強《し》いられたが、徳川軍《とくがわぐん》が朝倉軍《あさくらぐん》の側面《そくめん》を突《つ》いたことにより、形勢《けいせい》は逆転《ぎゃくてん》。朝倉軍《あさくらぐん》は撤退《てったい》を余儀《よぎ》なくされ、浅井軍《あざいぐん》も敗走《はいそう》するに至《いた》った。長時間《ちょうじかん》に及《およ》ぶ激戦《げきせん》で流《なが》れた血《ち》で姉川《あねがわ》は真《ま》っ赤《か》に染《そ》まり……。

こうした状況《じょうきょう》を見《み》て、摂津《せっつ》で挙兵《きょへい》した者《もの》たちがいた。第《だい》十四代将軍《だいしょうぐん》・足利義栄《あしかがよしひで》を擁《よう》していた〝三好三人衆《みよしさんにんしゅう》〟だ。この機会《きかい》に実権《じっけん》を取《と》り戻《もど》そうと謀《はか》ったのである。

信長《のぶなが》は九月《がつ》十二日《にち》、総攻撃《そうこうげき》をかけることにした。

が、その日《ひ》の夜《よる》、摂津《せっつ》の石山本願寺《いしやまほんがんじ》が挙兵《きょへい》し、信長《のぶなが》に攻《せ》めかかってきた。本願寺《ほんがんじ》の法《ほっ》主《す》・顕如《けんにょ》は、三好三人衆《みよしさんにんしゅう》や浅井《あざい》・朝倉《あさくら》の〝反信長勢力《はんのぶながせいりょく》〟に通《つう》じていたのだ。

こうして、信長《のぶなが》を摂津《せっつ》に釘付《くぎづ》けにすることに成功《せいこう》した浅井《あざい》・朝倉《あさくら》は三万《まん》の軍勢《ぐんぜい》で近江《おうみ》を南下《なんか》し、琵琶湖《びわこ》の西岸《せいがん》、比叡山《ひえいざん》のふもとに位置《いち》する坂本《さかもと》まで進軍《しんぐん》した。

浅井《あざい》・朝倉軍《あさくらぐん》は隣国《りんごく》・京《きょう》の都《みやこ》を有《ゆう》する山城国《やましろのくに》に進《すす》み、醍醐《だいご》、山科《やましな》に放火《ほうか》をして洛中《らくちゅう》に迫《せま》る勢《いきお》いをみせた。

都《みやこ》を守《まも》るため、信長《のぶなが》は摂津《せっつ》の陣《じん》を急遽《きゅうきょ》引《ひ》き払《はら》って京《きょう》へ戻《もど》り、これを知《し》った浅井《あざい》・朝倉《あさくら》は坂本《さかもと》まで退却《たいきゃく》して、天台宗《てんだいしゅう》の総本山《そうほんざん》・比叡山延暦寺《ひえいざんえんりゃくじ》に籠《こ》もった。

信長《のぶなが》は延暦寺《えんりゃくじ》に対《たい》し、

「こちらに味方《みかた》するか、宗教上《しゅうきょうじょう》の理由《りゆう》でどちらにも味方《みかた》できないのなら中立《ちゅうりつ》を保《たも》て」

と要請《ようせい》したが、延暦寺《えんりゃくじ》は無視《むし》してきた。近江《おうみ》に点在《てんざい》する寺領《じりょう》を織田《おだ》に奪《うば》われ、その返還《へんかん》を求《もと》めている最中《さいちゅう》でもあったからだ。

「おのれ……」

信長《のぶなが》は比叡山《ひえいざん》を見上《みあ》げた。坂本《さかもと》に陣《じん》を張《は》ったまま、延暦寺《えんりゃくじ》に籠《こ》もる浅井《あざい》・朝倉軍《あさくらぐん》とにらみ合《あ》いを続《つづ》けることになったのだ。

こうして、浅井《あざい》・朝倉《あさくら》と対陣《たいじん》している間《あいだ》、今度《こんど》は「伊勢長島一向一揆《いせながしまいっこういっき》」が起《お》こった。

本願寺《ほんがんじ》の支配下《しはいか》にある願証寺《がんしょうじ》が挙兵《きょへい》したのだ。この戦《いくさ》では、弟《おとうと》の信興《のぶおき》が城《しろ》を攻《せ》められて自刃《じじん》。近江《おうみ》から動《うご》けない信長《のぶなが》には、弟《おとうと》を助《たす》けに行《い》く余裕《よゆう》はなく――。

まさに、周《まわ》りは敵《てき》だらけ、だった。

第十三章◆比叡山《ひえいざん》焼《や》き討《う》ち

窮地《きゅうち》に陥《おちい》った信長《のぶなが》は冷静《れいせい》に状況《じょうきょう》を見《み》つめ直《なお》し、まずは浅井《あざい》・朝倉《あさくら》と和睦《わぼく》を図《はか》ろうと考《かんが》え、将軍《しょうぐん》・義昭《よしあき》と関白《かんぱく》・二条晴良《にじょうはれよし》に仲介《ちゅうかい》を依頼《いらい》した。

浅井《あざい》・朝倉軍《あさくらぐん》も兵糧《ひょうろう》が乏《とぼ》しくなっていたこともあり、三カ月《かげつ》もの長《なが》きに及《およ》んだ「志賀《しが》の陣《じん》」は天皇《てんのう》の勅命《ちょくめい》を奉《ほう》じて和睦《わぼく》となり、終結《しゅうけつ》。

和睦《わぼく》を結《むす》んだ翌日《よくじつ》、信長《のぶなが》はすぐに陣《じん》を引《ひ》き払《はら》い、岐阜《ぎふ》へ戻《もど》った。

浅井《あざい》・朝倉《あさくら》との対陣《たいじん》が長引《ながび》いたのは、延暦寺《えんりゃくじ》が敵対《てきたい》したからである。

そう考《かんが》えた信長《のぶなが》は、元亀《げんき》二年《ねん》（一五七一年《ねん》）、延暦寺《えんりゃくじ》を焼《や》き払《はら》うよう家臣《かしん》たちに命《めい》じた。

「比叡山《ひえいざん》を焼《や》けば、世《よ》の中《なか》の非難《ひなん》を浴《あ》びまする」

と佐久間信盛《さくまのぶもり》や明智光秀《あけちみつひで》は反対《はんたい》したが、信長《のぶなが》は聞《き》き入《い》れなかった。

「やつらは仏《ほとけ》に仕《つか》える身《み》のくせに武装《ぶそう》し、高利貸《こうりが》しをして私腹《しふく》を肥《こ》やし、女《おんな》を連《つ》れ込《こ》んで色《いろ》におぼれ、肉《にく》を食《く》らっている。不浄《ふじょう》のかたまりだ。火《ひ》で清《きよ》めよ」

「……──」

信長《のぶなが》の言《い》うことはもっともなので皆《みな》、黙《だま》ったが──。

ひとり、重《おも》い口《くち》を開《ひら》いた者《もの》がいた。光秀《みつひで》だ。

「なれど──」

なおも難色《なんしょく》を示《しめ》す光秀《みつひで》に、信長《のぶなが》は険《けわ》しい目《め》で言《い》った。

「光秀《みつひで》、おまえが大将《たいしょう》を務《つと》めよ」

皆《みな》が光秀《みつひで》を見《み》る。ここで引《ひ》き下《さ》がれば、光秀《みつひで》が成敗《せいばい》されかねない。

（……こうなれば仕方《しかた》あるまい）

腹《はら》をくくった光秀《みつひで》は延暦寺周辺《えんりゃくじしゅうへん》の土豪《どごう》を調略《ちょうりゃく》し、準備《じゅんび》を進《すす》めた。

そして、焼《や》き討《う》ちを実行《じっこう》するにあたり信長《のぶなが》は、

「夜陰《やいん》に乗《じょう》じて逃《に》げる者《もの》が出《で》ないよう、早朝《そうちょう》から攻《せ》めては？」

という池田恒興《いけだつねおき》の案《あん》を採用《さいよう》し、九月十一日《がつにち》の夜《よる》から密《ひそ》かに進軍《しんぐん》し、夜中《よなか》のうちに比叡山《ひえいざん》の東麓《とうろく》を隙間《すきま》なく織田軍《おだぐん》が取《と》り巻《ま》いた。

そして、翌十二日《よくにち》、小雨《こさめ》の降《ふ》る中《なか》、ついに作戦《さくせん》が決行《けっこう》された。

織田軍《おだぐん》は延暦寺《えんりゃくじ》に火《ひ》をつけ、僧兵《そうへい》たちのいる山《やま》すその坂本《さかもと》の町《まち》を襲撃《しゅうげき》し、老若男女《ろうにゃくなんにょ》問《と》わず三千人《ぜんにん》もの人間《にんげん》を焼《や》き払《はら》った。

(信長様《のぶながさま》はなんと大《だい》それたことを……)

目《め》の前《まえ》で繰《く》り広《ひろ》げられる惨劇《さんげき》に、光秀《みつひで》の背筋《せすじ》は凍《こお》りついたが――大将《たいしょう》として目《め》を背《そむ》けることは許《ゆる》されない。

比叡山《ひえいざん》は京《きょう》の都《みやこ》からも見《み》えるので、「神仏《しんぶつ》を恐《おそ》れぬ所業《しょぎょう》」として人々《ひとびと》を慄《おのの》かせた。

「光秀《みつひで》、よくやった」

信長《のぶなが》は比叡山東麓一帯《ひえいざんとうろくいったい》――志賀郡《しがごおり》五万石《まんごく》の土地《とち》を光秀《みつひで》に与《あた》え、坂本《さかもと》に城《しろ》を築《きず》くよう命《めい》じた。

信長《のぶなが》の家臣《かしん》の中《なか》で一国一城《いっこくいちじょう》の主《あるじ》となったのは、光秀《みつひで》が初《はつ》である。

しかも、光秀《みつひで》は信長《のぶなが》に仕《つか》えるようになって、まだ三年《ねん》。

これはまたも異例《いれい》の出世《しゅっせ》であったが……。

いるのだが――。

（天下統一《てんかとういつ》のためには、仕方《しかた》のないことなのだろうか？）

武装《ぶそう》する寺院勢力《じいんせいりょく》の拡大《かくだい》を防《ふせ》がねば、世《よ》の中《なか》はもっと混乱《こんらん》するだろう。それはわかって

なんとも言《い》いようのない苦《にが》い思《おも》いが、光秀《みつひで》の中《なか》に残《のこ》った。

第十四章◆室町幕府滅亡《むろまちばくふめつぼう》

元亀三年《げんきさんねん》（一五七二年《ねん》）七月十九日《がつにち》、信長《のぶなが》は浅井《あざい》攻《ぜ》めの進軍《しんぐん》を開始《かいし》。

これは側室《そくしつ》が産《う》んだ長男《ちょうなん》・信忠《のぶただ》の初陣《ういじん》でもあった。

しかし、信忠《のぶただ》は浮《う》かない顔《かお》をしている。

「どうした？　武者震《むしゃぶる》いか？」

「いえ、叔母上《おばうえ》を攻《せ》めなければならないと思《おも》うと……」

子《こ》どもの頃《ころ》に母《はは》を亡《な》くした信忠《のぶただ》は、信長《のぶなが》の正室《せいしつ》・濃《のう》の養子《ようし》となって育《そだ》てられ、お市《いち》とは姉弟《きょうだい》のように仲《なか》が良《よ》かったのである。

信長《のぶなが》が何度《なんど》も織田《おだ》に戻《もど》るよう文《ふみ》を出《だ》しても、お市《いち》は戻《もど》ってこない。一度《いちど》嫁《か》したからにはもう浅井《あざい》の人間《にんげん》なのだと腹《はら》を決《き》めているのだろう。

信長《のぶなが》とて、妹《いもうと》を取《と》り戻《もど》したい気持《きも》ちはやまやまであったが、

「そのようなことでどうする。たとえ身内《みうち》でも、敵《てき》となれば容赦《ようしゃ》なく刃《やいば》を向《む》けるもの。おまえは織田《おだ》を継《つ》ぐ身《み》。もっと強《つよ》くなれ」

と言《い》い聞《き》かせた。

そして、北近江《きたおうみ》へ入《はい》った信長《のぶなが》は二十一日《にち》、浅井《あざい》の本拠《ほんきょ》・小谷城《おだにじょう》を攻撃《こうげき》させ、その一方《いっぽう》で小谷山《おだにやま》の南西《なんせい》に位置《いち》する虎御前山《とらごぜやま》に砦《とりで》を築《きず》かせた。

小谷山《おだにやま》の上《うえ》――小谷城《おだにじょう》にいる浅井長政《あざいながまさ》を誘《さそ》いだそうと、木下秀吉《きのしたひでよし》には山本山城《やまもとやまじょう》を、明智《あけち》光秀《みつひで》には水軍《すいぐん》を率《ひき》いて琵琶湖《びわこ》を北上《ほくじょう》させ、竹生島《ちくぶしま》や湖岸《こがん》を攻撃《こうげき》させた。鉄砲《てっぽう》や大砲《たいほう》の音《おと》が湖面《こめん》を震《ふる》わせ、山々《やまやま》にこだまする。

が、長政《ながまさ》は城《しろ》から討《う》って出《で》ず、二十九日《にち》には越前《えちぜん》の朝倉義景《あさくらよしかげ》も一万《まん》五千《せん》の大軍《たいぐん》を率《ひき》いて援軍《えんぐん》として到着《とうちゃく》したものの、小谷城《おだにじょう》の北東《ほくとう》にある大嶽城《おおずくじょう》に入《はい》り、その後《ご》、動《うご》くことはなかった。

結局《けっきょく》、浅井《あざい》・朝倉《あさくら》が比叡山《ひえいざん》に籠《こ》もったときと同《おな》じように対陣《たいじん》が続《つづ》き……。

信長《のぶなが》は義景《よしかげ》に決戦《けっせん》を申《もう》し込《こ》んだが、義景《よしかげ》は応《おう》じなかった。

「埒《らち》が明《あ》かぬ」

九月《がつ》十六日《にち》、信長《のぶなが》は秀吉《ひでよし》に虎御前山《とらごぜやま》の砦《とりで》を守《まも》るよう命《めい》じると、岐阜《ぎふ》へと戻《もど》った。

(浅井《あざい》・朝倉《あさくら》だけではない……本願寺《ほんがんじ》や武田《たけだ》をそそのかしているのは、義昭《よしあき》だ)

甲斐《かい》の武田信玄《たけだしんげん》とは同盟《どうめい》を結《むす》んでいるが、最近《さいきん》、それも危《あや》うくなってきている。石山本《いしやまほん》願寺《がんじ》の法主《ほっす》・顕如《けんにょ》の妻《つま》が信玄《しんげん》の正室《せいしつ》の妹《いもうと》なので、顕如《けんにょ》は信玄《しんげん》の義理《ぎり》の弟《おとうと》にあたるのだ。

のちに「信長包囲網《のぶながほういもう》」と呼《よ》ばれる反織田勢力《はんおだせいりょく》は、信長《のぶなが》にないがしろにされつつあった将《しょう》軍《ぐん》・足利義昭《あしかがよしあき》が画策《かくさく》したものである。

そして、ついにこの年《とし》の秋《あき》――。

〝甲斐《かい》の虎《とら》〟と呼《よ》ばれる信玄《しんげん》が動《うご》いたのだ。

◆◆◆

十月三日《がつか》、義昭《よしあき》の要請《ようせい》に応《こた》えた信玄《しんげん》は三万《まん》の大軍《たいぐん》を率《ひき》いて甲斐《かい》の府中《ふちゅう》を発《た》ち、自領《じりょう》でもある信濃国《しなののくに》を通《とお》って京《きょう》を目指《めざ》す、西上作戦《せいじょうさくせん》を開始《かいし》。

別働隊《べつどうたい》の秋山信友《あきやまのぶとも》が信長《のぶなが》の五男《なん》・御坊丸《ごぼうまる》の入《はい》っている岩村城《いわむらじょう》に侵攻《しんこう》した。

信濃《しなの》に近《ちか》い岩村城《いわむらじょう》の城主《じょうしゅ》は、実質的《じっしつてき》には信長《のぶなが》の叔母《おば》・おつやの方《かた》が務《つと》めている。おつやの夫《おっと》・遠山景任《とおやまかげとう》はすでに亡《な》く、養子《ようし》に迎《むか》えた御坊丸《ごぼうまる》もまだ幼《おさな》いためだ。

岩村城《いわむらじょう》は堅固《けんご》な山城《やまじろ》で、霧《きり》の発生《はっせい》しやすい気象条件《きしょうじょうけん》も城《しろ》の守《まも》りに生《い》かしているので、「霧ヶ城《きりがじょう》」とも呼《よ》ばれているが、おつやの方《かた》は守《まも》り切《き》れず……。

十一月《がつ》十四日《か》、城兵《じょうへい》たちの命《いのち》を守《まも》るため、やむなく降伏《こうふく》した。

これを知《し》った信長《のぶなが》は烈火《れっか》のごとく怒《おこ》った。おつやは降伏《こうふく》する際《さい》、秋山《あきやま》の妻《つま》となることを受《う》け入《い》れただけでなく、御坊丸《ごぼうまる》を人質《ひとじち》として武田《たけだ》へ差《さ》し出《だ》してしまったのだ。

そして、信玄率《しんげんひき》いる武田《たけだ》の本隊《ほんたい》は、信長《のぶなが》と同盟《どうめい》を結《むす》んでいる徳川家康《とくがわいえやす》を討《う》つべく、青崩《あおくずれ》峠《とうげ》を越《こ》えて南下《なんか》。家康《いえやす》の居城《きょじょう》である遠江《とおとうみ》の浜松城《はままつじょう》を目指《めざ》した。

上洛《じょうらく》を目指《めざ》す上《うえ》で邪魔《じゃま》となる家康《いえやす》を排除《はいじょ》して背後《はいご》の憂《うれ》いを断《た》ち、尾張《おわり》・美濃《みの》へと侵攻《しんこう》し、信長《のぶなが》を討《う》つ作戦《さくせん》だ。

（必《かなら》ず信玄《しんげん》を食《く》い止《と》める！）

信長《のぶなが》からの援軍《えんぐん》三千《ぜん》を受《う》け、家康《いえやす》は徳川《とくがわ》・織田《おだ》連合軍《れんごうぐん》一万《まん》一千《せん》で信玄《しんげん》を迎《むか》え討《う》とうと待《ま》ち構《かま》えた。

が、十二月二十二日《がつにじゅうににち》、信玄《しんげん》は浜松城《はままつじょう》をあっさり素通《すどお》りし、西《にし》へ向《む》かった。

(私《わたし》は信玄《しんげん》の敵《てき》ではないというのか!?)

侮《あなど》られた、と感《かん》じた家康《いえやす》は憤然《ふんぜん》として立《た》ち上《あ》がった。

「見過《みす》ごすのは武士《ぶし》の名折《なお》れ！　このままでは信長様《のぶながさま》に顔向《かおむ》けできぬ！」

憤《いきどお》った家康《いえやす》は武田軍《たけだぐん》を追撃《ついげき》。

が、勢《いきお》い込《こ》んで向《む》かった徳川軍《とくがわぐん》は、三方ヶ原《みかたがはら》で待《ま》ち受《う》けていた武田軍《たけだぐん》に返《かえ》り討《う》ちに遭《あ》った。浜松城《はままつじょう》を素通《すどお》りしたのは、家康《いえやす》をおびき出《だ》す罠《わな》だったのだ。

死《し》の恐怖《きょうふ》に脱糞《だっぷん》までした家康《いえやす》は命《いのち》からがら浜松城《はままつじょう》へ逃《に》げ帰《かえ》ると、わざと城門《じょうもん》を開《あ》け放《はな》ち、こうこうとかがり火《ひ》を焚《た》かせた。

武田軍《たけだぐん》が戻《もど》ってきたら迎《むか》え討《う》つつもりだったが、信玄《しんげん》は家康《いえやす》の罠《わな》には引《ひ》っかからず、さらに西《にし》へと向《む》かっていった。

◆◆◆

「武田《たけだ》が徳川《とくがわ》に大勝《たいしょう》したか！」

信玄《しんげん》の圧勝《あっしょう》に気《き》を良《よ》くした京《きょう》の義昭《よしあき》は、公然《こうぜん》と信長《のぶなが》に対《たい》し反旗《はんき》を翻《ひるがえ》した。

年《とし》が明《あ》けて、元亀《げんき》四年《ねん》（一五七三年《ねん》）二月《がつ》、義昭《よしあき》は信長《のぶなが》が京《きょう》に入《はい》るのを阻止《そし》するために琵琶湖《びわこ》の湖岸《こがん》の石山《いしやま》や、今堅田《いまかたた》などに砦《とりで》を築《きず》きはじめた。

信長《のぶなが》は柴田勝家《しばたかついえ》や明智光秀《あけちみつひで》にこれらの攻撃《こうげき》を命《めい》じ、数日《すうじつ》のうちに陥落《かんらく》させた。

こうして、京《きょう》への道《みち》は塞《ふさ》がれずに済《す》んだが――。

（将軍《しょうぐん》の権威《けんい》はやはり侮《あなど》れぬ）

と考《かんが》えた信長《のぶなが》は義昭《よしあき》に和睦《わぼく》を持《も》ちかけた。

しかし、義昭《よしあき》のほうはもう信長《のぶなが》に用《よう》はない。

（もうすぐ、信玄《しんげん》が信長《のぶなが》を討《う》ち果《は》たしてくれる）

と信《しん》じていたからだ。

が――義昭《よしあき》の目論見《もくろみ》は大《おお》きく外《はず》れてしまった。

実《じつ》は信玄《しんげん》は甲斐《かい》を出発《しゅっぱつ》する前《まえ》から、病《やまい》に冒《おか》されていたのである。

家康《いえやす》が辛酸《しんさん》をなめた「三方ヶ原《みかたがはら》の戦《たたか》い」ののち、徳川方《とくがわがた》の野田城《のだじょう》を落《お》としたあとで、なぜか進路《しんろ》を信濃《しなの》に取《と》り……。四月《がつ》十二日《にち》、甲斐《かい》へ戻《もど》ることなく没《ぼっ》していたのだ。

「甲斐《かい》の虎《とら》が死《し》んだ、だと⁉」

あてが外《はず》れた義昭《よしあき》は驚愕《きょうがく》した。

しかし、今《いま》さら信長《のぶなが》と組《く》む気《き》はない。信長《のぶなが》の庇護《ひご》を受《う》ければ、いずれは〝三好三人衆《みよしさんにんしゅう》〟に担《かつ》がれた前将軍《ぜんしょうぐん》・義栄《よしひで》のように、傀儡《かいらい》になるのが目《め》に見《み》えているからだ。

(これ以上《いじょう》、信長《のぶなが》のいいようにはさせぬ！)

義昭《よしあき》は信長《のぶなが》との和睦《わぼく》を考《かんが》えているふりを続《つづ》けながら、中国《ちゅうごく》で大《おお》きく勢力《せいりょく》を伸《の》ばしている安芸《あき》の毛利輝元《もうりてるもと》にすり寄《よ》り、支援《しえん》を求《もと》めた。

そして、七月《がつ》に入《はい》ってから義昭《よしあき》は宇治《うじ》の槇島城《まきしまじょう》に入《はい》り、挙兵《きょへい》。

「将軍《しょうぐん》といえど、容赦《ようしゃ》はせぬ！」

信長《のぶなが》は七万《まん》の大軍《たいぐん》をもって槇島城《まきしまじょう》を包囲《ほうい》し、十八日《にち》に総攻撃《そうこうげき》をかけた。

これではひとたまりもない。

義昭《よしあき》はすぐに降伏《こうふく》し、自身《じしん》の子《こ》を人質《ひとじち》として差《さ》し出《だ》し、城《しろ》を明《あ》け渡《わた》した。

信長《のぶなが》は自身《じしん》がその座《ざ》に就《つ》けた将軍《しょうぐん》を、京《きょう》から追放《ついほう》。

これにより、室町幕府《むろまちばくふ》は滅亡《めつぼう》したのである。

第十五章◆浅井《あざい》・朝倉《あさくら》の滅亡《めつぼう》

「槇島城《まきしまじょう》の戦《たたか》い」から十日後《とおかご》の七月《がつ》二十八日《にち》。

信長《のぶなが》は朝廷《ちょうてい》に対《たい》し、「元亀《げんき》」から「天正《てんしょう》」への改元《かいげん》を奏請《そうせい》した。

元亀《げんき》という元号《げんごう》は足利義昭《あしかがよしあき》が決《き》めたものだったので、これを廃《はい》し、自身《じしん》が提示《ていじ》した天正《てんしょう》へ改元《かいげん》することにより、「信長《のぶなが》の天下《てんか》になった」と世《よ》の中《なか》に知《し》らしめるためである。

そして、八月《がつ》になってから信長《のぶなが》が岐阜《ぎふ》へ戻《もど》ると、新《あら》たな動《うご》きが出《で》た。

浅井《あざい》の重臣《じゅうしん》・阿閉貞征《あつじさだゆき》が織田《おだ》へ投降《とうこう》してきたのだ。

これまでにも浅井《あざい》の重臣《じゅうしん》が次々《つぎつぎ》と織田《おだ》へ寝返《ねがえ》っていたので、

「今《いま》が好機《こうき》！　浅井《あざい》を叩《たた》く！」

信長《のぶなが》は素早《すばや》く支度《したく》を整《ととの》え、夜《よる》のうちには北近江《きたおうみ》に向《む》けて出陣《しゅつじん》した。

小谷城《おだにじょう》に立《た》て籠《こ》もった浅井久政《あざいひさまさ》・長政父子《ながまさおやこ》は、織田軍《おだぐん》の進軍《しんぐん》を知《し》ると、すぐに越前《えちぜん》の朝《あさ》倉義景《くらよしかげ》に援軍《えんぐん》を求《もと》めた。朝倉《あさくら》はこれを受《う》けて義景自《よしかげみずか》ら大軍《たいぐん》を率《ひき》いて南下《なんか》し、柳ケ瀬《やながせ》に本陣《ほんじん》を置《お》いて先発隊《せんぱつたい》を大嶽城《おおずくじょう》へ入《い》れた。

「まず朝倉《あさくら》を追《お》い返《かえ》す」

信長《のぶなが》は大嶽城《おおずくじょう》を攻《せ》め、城《しろ》を占拠《せんきょ》した。

逃《に》げだした朝倉《あさくら》の兵《へい》たちが、次々《つぎつぎ》と本陣《ほんじん》のある柳ケ瀬《やながせ》に走《はし》り、報告《ほうこく》する。

「申《もう》し上《あ》げます！　大嶽城《おおずくじょう》が織田《おだ》の手《て》に落《お》ちました……！」

「なっ……」

義景《よしかげ》の顔《かお》が、たちまち険《けわ》しくなった。

大嶽城《おおずくじょう》は小谷城《おだにじょう》の詰《つめ》の城《しろ》──つまり、浅井《あざい》の本拠《ほんきょ》である小谷城《おだにじょう》が陥落《かんらく》した場合《ばあい》、万《まん》が一のときを考《かんが》えて籠城《ろうじょう》するよう造《つく》られた城《しろ》である。小谷城《おだにじょう》を見下《みお》ろすその城《しろ》が、すぐに織田《おだ》に攻《せ》め落《お》とされたというのだ。

「……越前《えちぜん》へ戻《もど》る！」

撤退《てったい》を決《き》めた義景《よしかげ》は、夜《よる》のうちに越前《えちぜん》を目指《めざ》して出発《しゅっぱつ》。

けれど、信長《のぶなが》は見逃《みのが》すつもりはない。

「義景《よしかげ》を追《お》え！」

撤退戦《てったいせん》はもちろん、逃《に》げるほうが不利《ふり》だ。敵《てき》の追撃《ついげき》を防《ふせ》ぎながら、無事《ぶじ》に帰還《きかん》するのは至難《しなん》の業《わざ》。信長《のぶなが》はそれを「金ヶ崎《かねがさき》の退《の》き口《くち》」で嫌《いや》というほど味《あじ》わっている。朝倉《あさくら》の追撃《ついげき》から逃《のが》れ、命《いのち》からがら京《きょう》へ走《はし》ったことを忘《わす》れた日《ひ》はない。

今回《こんかい》、追《お》われる立場《たちば》となった義景《よしかげ》は越前《えちぜん》との国境《くにざかい》にある刀禰坂《とねざか》で態勢《たいせい》を立《た》て直《なお》し、織田《おだ》軍《ぐん》を迎《むか》え討《う》とうとしたが――。

「おお――っ」

「逃《に》がすでない！」

織田軍《おだぐん》の追撃《ついげき》は凄《すさ》まじく、とても防《ふせ》げそうになかった。柴田勝家《しばたかついえ》らが率《ひき》いる織田軍《おだぐん》は怒濤《どとう》の勢《いきお》いで朝倉軍《あさくらぐん》の兵《へい》たちの首級《しゅきゅう》を次々《つぎつぎ》と挙《あ》げながら迫《せま》ってくる。

「……殿《との》、お逃《に》げください！　このままでは――」

「ぐっ……信長《のぶなが》め」

義景《よしかげ》は本拠《ほんきょ》の一乗谷城《いちじょうだにじょう》へ走《はし》り、籠城戦《ろうじょうせん》に出《で》ようとしたがこれも無理《むり》だった。

一族《いちぞく》の者《もの》の裏切《うらぎ》りに遭《あ》い、二十日《はつか》、越前大野《えちぜんおおの》の賢松寺《けんしょうじ》にて、ついに自刃《じじん》に追《お》い込《こ》まれたのである。

「おのれ、信長《のぶなが》め……成《な》り上《あ》がり者《もの》めが！」

こうして、越前《えちぜん》に五代《だい》にわたり君臨《くんりん》した名門《めいもん》・朝倉家《あさくらけ》は滅亡《めつぼう》した。

◆◆◆

八月《がつ》二十六日《にち》、越前《えちぜん》から北近江《きたおうみ》へ戻《もど》った信長《のぶなが》は、大嶽城《おおずくじょう》に入《はい》った。

信長《のぶなが》は向《む》かいの小谷城《おだにじょう》を見下《みお》ろした。こちらの陣《じん》には旗指物《はたさしもの》が多《おお》く立《た》っている。向《む》こうから、それが見《み》えないはずはない。

「お市《いち》だけはなんとしてでも救《すく》い出《だ》せ」

と虎御前山砦《とらごぜやまとりで》の木下秀吉《きのしたひでよし》に伝《つた》えると、信長《のぶなが》は翌日《よくじつ》、小谷城《おだにじょう》への総攻撃《そうこうげき》を開始《かいし》。

そして、夜《よる》になってから、まずは長政《ながまさ》の父《ちち》・久政《ひさまさ》を落《お》とすことを命《めい》じた。秀吉《ひでよし》は急峻《きゅうしゅん》な崖《がけ》を駆《か》け上《のぼ》り、これに成功《せいこう》。

小谷城《おだにじょう》は小谷山《おだにやま》の尾根《おね》を利用《りよう》して造《つく》られた、南北《なんぼく》に延《の》びる長《なが》い山城《やまじろ》だ。長政《ながまさ》のいる本丸《ほんまる》と久政《ひさまさ》のいる小丸《こまる》の間《あいだ》には京極丸《きょうごくまる》があり、信長《のぶなが》はここを攻《せ》めて浅井父子《あざいおやこ》の連絡《れんらく》を絶《た》つことを命《めい》じたのだ。

これにより、久政《ひさまさ》は自刃《じじん》。

あとは長政《ながまさ》を討《う》つだけとなったのである。

一方《いっぽう》、浅井方《あざいがた》では。

落城《らくじょう》は時間《じかん》の問題《もんだい》となり……長政《ながまさ》は妻《つま》のお市《いち》の方《かた》を呼《よ》んだ。

「先《さき》ほど、また織田《おだ》からの使者《ししゃ》がきた」

一通《いっつう》の書状《しょじょう》を差《さ》し出《だ》すと、お市《いち》はそれを開《ひら》こうとせず、指先《ゆびさき》で脇《わき》にすっと滑《すべ》らせた。

「見《み》ないのか？」

「兄《あに》からの文《ふみ》でございましょう？　見《み》なくともわかっております」

信長《のぶなが》は妹《いもうと》のお市《いち》に織田《おだ》へ戻《もど》ってくるよう、これまでに何度《なんど》も密使《みっし》を出《だ》していた。かわいい妹《いもうと》を死《し》なせたくはないのだ。

けれど、お市《いち》にも長政《ながまさ》の正室《せいしつ》としての意地《いじ》がある。夫《おっと》が決《き》めた以上《いじょう》、血《ち》のつながった兄《あに》でも敵《てき》は敵《てき》。敵《てき》に投降《とうこう》するような真似《まね》はできない。

しかし、長政《ながまさ》はお市《いち》の覚悟《かくご》を充分理解《じゅうぶんりかい》した上《うえ》で、こう言《い》った。

「お市《いち》、そなたは姫《ひめ》たちを連《つ》れて城《しろ》を出《で》よ。私《わたし》は、そなたや幼《おさな》い姫《ひめ》たちの命《いのち》が散《ち》るのを見《み》たくはないのだ」

「そんな……！　私《わたし》は最後《さいご》まで長政様《ながまささま》のおそばにおります！」

お市《いち》は涙《なみだ》ながらに訴《うった》えたが、長政《ながまさ》はゆるく首《くび》を振《ふ》った。

「姫《ひめ》たちに伝《つた》えてくれ。浅井《あざい》の血《ち》を絶《た》やしてはならぬ――と」

ふたりの間《あいだ》には、茶々《ちゃちゃ》・初《はつ》・江《ごう》という三人《にん》の姫《ひめ》がいる。茶々《ちゃちゃ》と初《はつ》はまだ幼《おさな》く、江《ごう》はこの年《とし》に生《う》まれたばかりの赤子《あかご》だ。

「長政様《ながまささま》……」

お市《いち》には夫《おっと》の気《き》持《も》ちが痛《いた》いほどわかった。長政《ながまさ》はただ、姫《ひめ》たちに生《い》きてほしいのだ。

「……わかりました。姫《ひめ》たちのために織田《おだ》に帰《かえ》ります」

翌日《よくじつ》、お市《いち》と三人《にん》の姫《ひめ》は無事《ぶじ》に秀吉《ひでよし》の陣営《じんえい》に送《おく》り届《とど》けられ――。

愛《あい》する家族《かぞく》を見送《みおく》った長政《ながまさ》もまた、父《ちち》と同《おな》じように自《みずか》らの命《いのち》を絶《た》ち、信長《のぶなが》との三年《ねん》にわたる戦《いくさ》に終止符《しゅうしふ》を打《う》ったのである。


その後《ご》、信長《のぶなが》は小谷城《おだにじょう》攻《ぜ》めでいちばん功《こう》のあった秀吉《ひでよし》に、浅井《あざい》の旧領《きゅうりょう》である北近江《きたおうみ》三郡《さんごおり》を与《あた》えた。

「猿《さる》、これでおまえも一国一城《いっこくいちじょう》の主《あるじ》だ。励《はげ》め」

「わ、わしが大名《だいみょう》に！　草履取《ぞうりと》りからついにここまで来《き》た……！」

低《ひく》い身分《みぶん》から夢《ゆめ》のような出世《しゅっせ》を遂《と》げた秀吉《ひでよし》は飛《と》び上《あ》がらんばかりに喜《よろこ》び、今後《こんご》も信長《のぶなが》のために尽《つ》くすことを心《こころ》に誓《ちか》った。

しかし、ようやく浅井《あざい》・朝倉《あさくら》を滅《ほろ》ぼした信長《のぶなが》には、大事《だいじ》な家族《かぞく》との別《わか》れが待《ま》っていた。

「戦国《せんごく》の世《よ》は非情《ひじょう》……わかってはおりますが、私《わたし》は兄上《あにうえ》が許《ゆる》せませぬ」

愛《あい》する夫《おっと》を失《うしな》ったお市《いち》は深《ふか》く傷《きず》つき――。

信長《のぶなが》はしばらくしてから、お市《いち》と三人《にん》の姫《ひめ》たちを尾張《おわり》の清須城《きよすじょう》へ移《うつ》すことにした。

「信長様《のぶながさま》、なぜ、お市様《いちさま》たちを清須《きよす》へ？　浅井《あざい》を滅《ほろ》ぼした負《お》い目《め》があるから、遠《とお》ざけるおつもりですか⁉」

濃《のう》がそう抗議《こうぎ》すると、「それは違《ちが》う」と信長《のぶなが》は首《くび》を振《ふ》った。

「夫《おっと》の仇《かたき》である俺《おれ》がそばにいないほうが、市《いち》のためだと思《おも》ったからだ」

兄《あに》の顔《かお》を見《み》れば、お市《いち》は嫌《いや》でも浅井滅亡《あざいめつぼう》を思《おも》い出《だ》す。それでは、いつまで経《た》っても心《こころ》の傷《きず》は癒《い》えない。だから、信長《のぶなが》は敢《あ》えて距離《きょり》を置《お》き、お市《いち》たちを離《はな》れたところから見守《みまも》っていくことにしたのだ。

後日《ごじつ》――。

「義姉上《あねうえ》、お世話《せわ》になりました」

「お市様《いちさま》……」

濃《のう》に見送《みおく》られ、お市《いち》は三人《にん》の姫《ひめ》を連《つ》れて岐阜城《ぎふじょう》を出《で》ていった。

第十六章◆長篠《ながしの》の戦《たたか》い

翌年《よくとし》の天正《てんしょう》二年《ねん》（一五七四年《ねん》）正月《しょうがつ》、新年《しんねん》を祝《いわ》う宴《うたげ》の席《せき》に、箔濃《はくだみ》を施《ほどこ》した三つの髑髏《どくろ》が飾《かざ》られた。

金色《きんいろ》に輝《かがや》くそれらは、前年《ぜんねん》に討《う》ち取《と》った朝倉義景《あさくらよしかげ》、浅井久政《あざいひさまさ》・長政《ながまさ》のものだ。

「信長様《のぶながさま》、これは……」

羽柴秀吉《はしばひでよし》（前年《ぜんねん》に木下《きのした》から改名《かいめい》）が訊《き》くと、信長《のぶなが》が盃《さかずき》を軽《かる》く掲《かか》げた。

「酒《さけ》の肴《さかな》だ」

「酒《さけ》の肴《さかな》……？」

家臣《かしん》たちがぎょっと目《め》をむく。

「猿《さる》、おまえは北近江《きたおうみ》を受《う》け継《つ》いだのだ。大《おお》いに祝《いわ》うがいい」

「はあ……」

秀吉《ひでよし》は怪訝《けげん》な顔《かお》をしていたが、すぐにハッとなった。

「勝利《しょうり》を祝《いわ》うと同時《どうじ》に、強敵《きょうてき》だった浅井《あざい》・朝倉《あさくら》に敬意《けいい》を払《はら》おうと言《い》うのですな！　わかりました！　存分《ぞんぶん》に飲《の》みましょう！」

「そ、そういうことか……」

「で、では、まずは一献《いっこん》」

家臣《かしん》たちはホッとした顔《かお》で、盃《さかずき》を交《か》わしはじめる。

「……猿《さる》め、はっきり言《い》いおって」

信長《のぶなが》は秀吉《ひでよし》の気《き》づかいを心憎《こころにく》く思《おも》い、酒《さけ》をあおった。

（長政《ながまさ》は俺《おれ》の同志《どうし》だった……）

義弟《ぎてい》として信頼《しんらい》し、かつてはともに天下《てんか》を夢見《ゆめみ》た長政《ながまさ》の死《し》を信長《のぶなが》は悼《いた》んだ。

◆◆◆

その後《ご》も信長《のぶなが》は戦《たたか》いに次《つ》ぐ戦《たたか》いの日々《ひび》を送《おく》り……。

天正《てんしょう》三年《ねん》（一五七五年《ねん》）春《はる》、甲斐《かい》の武田《たけだ》とぶつかることになった。

甲斐《かい》の虎《とら》と謳《うた》われた武田信玄《たけだしんげん》亡《な》きあと、家督《かとく》を継《つ》いだ勝頼《かつより》が挙兵《きょへい》し、徳川家康《とくがわいえやす》の城《しろ》のひとつ、長篠城《ながしのじょう》に迫《せま》ったのだ。

長篠《ながしの》は信濃《しなの》から三河《みかわ》東部《とうぶ》の平地《へいち》に出《で》る軍事《ぐんじ》・交易《こうえき》の要所《ようしょ》である。ここを落《お》とされた場合《ばあい》、武田《たけだ》に寝返《ねがえ》る者《もの》も出《で》るやもしれず……。

「我《わ》が軍《ぐん》はたったの六千《せん》！　信長様《のぶながさま》、援軍《えんぐん》を！」

盟友《めいゆう》の家康《いえやす》からの強《つよ》い要請《ようせい》に、信長《のぶなが》はすぐ出陣《しゅつじん》を決《き》め、嫡男《ちゃくなん》の信忠《のぶただ》とともに五月《がつ》十三日《にち》、一万《まん》二千《せん》の軍《ぐん》を仕立《した》てて岐阜《ぎふ》を出発《しゅっぱつ》し、長篠《ながしの》へ向《む》かった。

信長《のぶなが》が陣《じん》を張《は》ったのは、長篠《ながしの》の西方《せいほう》・設楽原《したらがはら》である。

「武田《たけだ》といえば、無敵《むてき》の騎馬軍団《きばぐんだん》……」

敵《てき》は馬《うま》で向《む》かってくるはずだ。こう予想《よそう》した信長《のぶなが》は、早急《そうきゅう》に設楽原《したらがはら》に馬《うま》での突撃《とつげき》を防《ふせ》ぐための長大《ちょうだい》な柵《さく》——馬防柵《ばぼうさく》を作《つく》るよう命《めい》じ、大量《たいりょう》の鉄砲《てっぽう》を運《はこ》び込《こ》んだ。

そうして、柵《さく》を作《つく》らせている間《あいだ》、

「信長《のぶなが》は柵《さく》を攻《せ》められたら、終《お》わりだと言《い》っている」

という噂《うわさ》を武田側《たけだがわ》に流《なが》させた。

それから信長《のぶなが》は家康《いえやす》の家臣《かしん》・酒井忠次《さかいただつぐ》に命《めい》じて、長篠城《ながしのじょう》を見下《みお》ろす鳶ノ巣山砦《とびのすやまとりで》に夜襲《やしゅう》をかけさせ、これを奪《うば》った。

その翌日《よくじつ》の早朝《そうちょう》――。

背後《はいご》から敵《てき》に攻《せ》められる危機《きき》に陥《おちい》った武田軍《たけだぐん》は設楽原《したらがはら》に押《お》し出《だ》されるかたちになり、まっすぐに織田《おだ》・徳川連合軍《とくがわれんごうぐん》に向《む》かってきた。

ドドドォオオ――ッ！

パァーン！　パァーン！　パァーン！

怒濤《どとう》の勢《いきお》いで迫《せま》った騎馬軍団《きばぐんだん》を、馬防柵《ばぼうさく》の向《む》こうで構《かま》えていた織田軍《おだぐん》の鉄砲隊《てっぽうたい》が狙《ねら》い、火《ひ》を噴《ふ》く！

「ええい、怯《ひる》むでない！」

「かかれ！　かかれ――っ！」

武田軍《たけだぐん》は押《お》し破《やぶ》れると踏《ふ》み、果敢《かかん》に向《む》かってくる。

この時代《じだい》の鉄砲《てっぽう》は弾込《たまご》めから発射《はっしゃ》まで、時間《じかん》のかかる武器《ぶき》である。だから、次《つぎ》の弾《たま》を撃《う》つまでの時間《じかん》が空《あ》く。その間《あいだ》に攻《せ》め入《い》ってしまえばいい。

が、そんな勝頼《かつより》の思惑《おもわく》はすぐに外《はず》れた。

パァーン！　パァーン！　パァーン！

間《ま》を置《お》かず、二発目《はつめ》が発射《はっしゃ》されたのである。

「……なっ⁉」

馬《うま》や兵《へい》が次々《つぎつぎ》と倒《たお》れ……驚《おどろ》いている間《あいだ》にも三発目《ぱつめ》が発射《はっしゃ》され、武田軍《たけだぐん》は総崩《そうくず》れとなった。

「本当《ほんとう》にまっすぐ向《む》かってくるとは、馬鹿《ばか》なやつよ」

鉄砲《てっぽう》の威力《いりょく》もさることながら、信長《のぶなが》の考《かんが》えた「三段撃《だんう》ち」は画期的《かっきてき》な戦術《せんじゅつ》であった。

三千挺《ぜんちょう》の鉄砲隊《てっぽうたい》を三列《れつ》に分《わ》け、一列目《れつめ》が撃《う》ったあと、すぐさま三列目《れつめ》の後《うし》ろに回《まわ》って次《つぎ》の弾《たま》の装填《そうてん》をはじめるとともに、二列目《れつめ》が前《まえ》に出《で》、二列目《れつめ》が下《さ》がると三列目《れつめ》が撃《う》ち——という作業《さぎょう》を繰《く》り返《かえ》し、次々《つぎつぎ》と銃弾《じゅうだん》を浴《あ》びせたのである。こうすることで火縄銃《ひなわじゅう》の欠点《けってん》を見《み》事《ごと》に補《おぎな》ったのだ。

しかし、勝頼《かつより》はすぐに撤退《てったい》しなかった。

騎馬軍団《きばぐんだん》の威力《いりょく》を信《しん》じ、あくまでも正面突破《しょうめんとっぱ》にこだわったのである。

「ええい、かかれ！　かかれ——っ！」

「勝頼様《かつよりさま》、無茶《むちゃ》です！　どうかお退《ひ》きください！」

武田方《たけだがた》は信玄《しんげん》の時代《じだい》から戦場《せんじょう》で名《な》を馳《は》せた優秀《ゆうしゅう》な武将《ぶしょう》たちの多《おお》くを失《うしな》い、勝頼《かつより》は数人《すうにん》の供《とも》に守《まも》られながら、命《いのち》からがら甲斐《かい》へと逃《に》げ帰《かえ》った。

武田軍《たけだぐん》は一万四千《まんせん》のうち、なんと一万《まん》もの死者《ししゃ》を出《だ》し――。

こうして、この「長篠《ながしの》の戦《たたか》い」は織田《おだ》・徳川軍《とくがわぐん》の圧勝《あっしょう》で幕《まく》を閉《と》じたのだった。

第十七章◆中国平定《ちゅうごくへいてい》に動《うご》く

五月《がつ》二十五日《にち》、信長《のぶなが》と信忠《のぶただ》は岐阜城《ぎふじょう》に凱旋《がいせん》した。

信長《のぶなが》は岐阜《ぎふ》に戻《もど》ってすぐに、かつて武田《たけだ》に寝返《ねがえ》った東美濃《ひがしみの》の岩村城《いわむらじょう》を取《と》り返《かえ》すよう信忠《のぶただ》に命《めい》じた。

三年前《ねんまえ》、武田《たけだ》の家臣《かしん》・秋山信友《あきやまのぶとも》に投降《とうこう》して開城《かいじょう》した挙《あ》げ句《く》、信友《のぶとも》の妻《つま》となって、養子《ようし》に迎《むか》えていた信長《のぶなが》の五男《なん》・御坊丸《ごぼうまる》を甲斐《かい》へ人質《ひとじち》として差《さ》し出《だ》した叔母《おば》、おつやの城《しろ》だ。信長《のぶなが》はこの叔母《おば》の裏切《うらぎ》りが許《ゆる》せず、なんとしても取《と》り返《かえ》したいと思《おも》っていたのである。

信忠《のぶただ》は二十八日《にち》には岩村城《いわむらじょう》を包囲《ほうい》。秋山《あきやま》とおつやは籠城《ろうじょう》を決《き》め込《こ》み、この戦《いくさ》は長期戦《ちょうきせん》の様相《ようそう》を呈《てい》した。

東《ひがし》を信忠《のぶただ》と徳川家康《とくがわいえやす》にまかせた信長《のぶなが》は、八月《がつ》十二日《にち》、越前《えちぜん》へ向《む》けて出陣《しゅつじん》した。一向一揆《いっこういっき》衆《しゅう》を討《う》つためだ。

信長《のぶなが》はこれを平定《へいてい》すると、重臣《じゅうしん》の柴田勝家《しばたかついえ》に越前一国《えちぜんいっこく》を与《あた》え、越前《えちぜん》の八郡《ごおり》のうち二郡《ごおり》に前田利家《まえだとしいえ》、佐々成政《さっさなりまさ》、不破光治《ふわみつはる》――のちに〝府中三人衆《ふちゅうさんにんしゅう》〟と呼《よ》ばれる三人《にん》を置《お》き、勝家《かついえ》の補佐《ほさ》をする与力《よりき》とした。

越前《えちぜん》の平定《へいてい》は石山本願寺《いしやまほんがんじ》を牽制《けんせい》する意味《いみ》もあった。本願寺側《ほんがんじがわ》はこれで加賀《かが》の一向衆《いっこうしゅう》と連《れん》携《けい》するのが難《むずか》しくなったのである。

十月《がつ》、本願寺《ほんがんじ》の法主《ほっす》・顕如《けんにょ》は信長《のぶなが》の読《よ》みどおり、これ以上《いじょう》の敵対《てきたい》をあきらめ、和睦《わぼく》を申《もう》し入《い》れてきた。


一方《いっぽう》――。

信忠《のぶただ》は十一月《がつ》、信友《のぶとも》とおつやの命《いのち》を助《たす》ける約束《やくそく》をし、岩村城《いわむらじょう》を落《お》とすことに成功《せいこう》した。

しかし、信長《のぶなが》には叔母《おば》を許《ゆる》す気《き》など、さらさらなかった。

信友《のぶとも》とおつやが投降《とうこう》したことを知《し》ると、すぐに目付《めつけ》を差《さ》し向《む》け、ふたりを縄《なわ》にかけさせた。信友《のぶとも》とおつやは「だまされた！」と思《おも》ったが、驚《おどろ》いたのは信忠《のぶただ》も同《おな》じだった。

「なにをする！　このふたりは、私《わたし》がこれから審議《しんぎ》にかけるところであったのだぞ⁉」

「信忠様《のぶただざま》、信長様《のぶながさま》は此度《こたび》の城攻《しろぜ》めは手《て》ぬるいと、大変《たいへん》ご立腹《りっぷく》です」

「な……」

信忠《のぶただ》は信長《のぶなが》の意向《いこう》に逆《さか》らうことができず——。

岐阜《ぎふ》へ送《おく》られたおつや夫妻《ふさい》は長良川《ながらがわ》のほとりで磔《はりつけ》の刑《けい》となり、

「おのれ、信長《のぶなが》！　おまえもいずれは無残《むざん》な死《し》を遂《と》げるであろう！」

と、おつやは信長《のぶなが》に対《たい》する恨《うら》みを吐《は》き、死《し》んでいった。

岩村城攻《いわむらじょうぜ》めに対《たい》して不満《ふまん》を感《かん》じていた信長《のぶなが》であったが、この月《つき》の二十八日《にち》、信長《のぶなが》はまだ十八歳《さい》の信忠《のぶただ》に尾張《おわり》と美濃《みの》を与《あた》え、織田家《おだけ》の家督《かとく》を譲《ゆず》った。

今回《こんかい》の戦《いくさ》が心《こころ》にしこりを残《のこ》したこともあり、信忠《のぶただ》は驚《おどろ》いた。

「父上《ちちうえ》、私《わたし》はまだ若《わか》すぎます！」

「なにを言《い》う。俺《おれ》は十九で家督《かとく》を継《つ》いだ。早《はや》すぎるというわけではなかろう」

「それはお祖父様《じいさま》が亡《な》くなったからでしょう？　父上《ちちうえ》はまだ健在《けんざい》ではないですか」

「信忠《のぶただ》、おまえ、本当《ほんとう》は武田攻《たけだぜ》めに気乗《きの》りしていないのではないか」

「そんなことは……」

信忠《のぶただ》は言《い》い淀《よど》んでしまった。信忠《のぶただ》はかつて織田《おだ》が武田《たけだ》と同盟《どうめい》を結《むす》んだ折《おり》、武田信玄《たけだしんげん》の娘《むすめ》・松姫《まつひめ》と婚約《こんやく》したのだが、「三方ヶ原《みかたがはら》の戦《たたか》い」で同盟《どうめい》が破《やぶ》れ、事実上《じじつじょう》、婚約《こんやく》は破棄《はき》となっていた。婚約中《こんやくちゅう》、信忠《のぶただ》と松姫《まつひめ》は頻繁《ひんぱん》に手紙《てがみ》のやりとりをして情《じょう》を深《ふか》めていたので、今《いま》でも忘《わす》れられないのである。

信忠《のぶただ》の心中《しんちゅう》を見透《みす》かしたように、信長《のぶなが》は言《い》った。

「織田《おだ》の家督《かとく》を継《つ》ぐからには、早《はや》く跡継《あとつ》ぎを作《つく》れ。いいな?」

「……はい」

信長《のぶなが》は朝廷《ちょうてい》に対《たい》し、長篠城《ながしのじょう》攻《ぜ》めと岩村城《いわむらじょう》攻《ぜ》めの功績《こうせき》により、信忠《のぶただ》にふさわしい役職《やくしょく》を与《あた》えるよう働《はたら》きかけ、信忠《のぶただ》は秋田城介《あきたじょうのすけ》という歴史《れきし》ある地位《ちい》を得《え》た。

しかし、家督《かとく》を譲《ゆず》ったものの、織田《おだ》の頂点《ちょうてん》に立《た》つのは信長《のぶなが》だ。

これはかつての今川義元《いまがわよしもと》と同《おな》じやり方《かた》である。本拠地《ほんきょち》を息子《むすこ》にまかせ、自身《じしん》は他国《たこく》への侵攻《しんこう》を進《すす》めるため、当主《とうしゅ》だの国主《こくしゅ》だのといった権威《けんい》をかたちの上《うえ》で脱《ぬ》ぎ捨《す》てたのだ。

簡単《かんたん》にいえば〝身軽《みがる》になった〟のである。

信長《のぶなが》の目標《もくひょう》は「天下統一《てんかとういつ》」だ。

この夢《ゆめ》は決《けっ》して揺《ゆ》るがない。

◆◆◆

天正四年《てんしょうねん》（一五七六年《ねん》）一月《がつ》、信長《のぶなが》は重臣《じゅうしん》・丹羽長秀《にわながひで》を普請奉行《ふしんぶぎょう》に命《めい》じ、安土城《あづちじょう》の築城《ちくじょう》を開始《かいし》した。

安土《あづち》は琵琶湖《びわこ》に半島状《はんとうじょう》に突《つ》き出《だ》した地《ち》だ。ここに城《しろ》を築《きず》こうと考《かんが》えたのは、琵琶湖《びわこ》の水《すい》運《うん》はもちろんのこと、岐阜《ぎふ》よりも京《きょう》に近《ちか》いからである。

信長《のぶなが》は工事《こうじ》を急《いそ》がせ、早《はや》くも翌月《よくげつ》には城下《じょうか》に建《た》てた長秀《ながひで》の屋敷《やしき》に移《うつ》った。

（次《つぎ》は西《にし》だ。中国平定《ちゅうごくへいてい》を進《すす》めねば——）

敵《てき》は安芸国《あきのくに》を本拠《ほんきょ》とする、毛利輝元《もうりてるもと》だ。

信長《のぶなが》は昨年《さくねん》、ひとりの男《おとこ》が岐阜《ぎふ》へ訪《たず》ねてきたことを思《おも》い出《だ》した。

「長篠《ながしの》の戦《たたか》い」の翌月《よくげつ》——つまり前年《ぜんねん》の天正《てんしょう》三年《ねん》（一五七五年《ねん》）六月《がつ》、播磨《はりま》からやってきたのは、播磨《はりま》の小大名《しょうだいみょう》・小寺政職《こでらまさもと》の筆頭家老《ひっとうかろう》、黒田官兵衛《くろだかんべえ》と名乗《なの》る男《おとこ》だった。

播磨《はりま》は織田《おだ》の勢力《せいりょく》と毛利《もうり》の勢力《せいりょく》の間《あいだ》に、ちょうど挟《はさ》まれる位置《いち》にある。

そのため、織田《おだ》と毛利《もうり》がぶつかった場合《ばあい》、戦場《せんじょう》となることは必至《ひっし》だ。

有力《ゆうりょく》な大名《だいみょう》がおらず、小大名《しょうだいみょう》がひしめき合《あ》っている播磨《はりま》は、その土地柄《とちがら》もあって、小《ちい》さな領地《りょうち》を守《まも》る彼《かれ》らのほとんどが「京《きょう》から東《ひがし》の織田《おだ》よりは西《にし》の毛利《もうり》」という考《かんが》えだった。

東播磨《ひがしはりま》に位置《いち》する小寺《こでら》もほぼ毛利《もうり》に傾《かたむ》いていたが、官兵衛《かんべえ》は違《ちが》った。話《はなし》に聞《き》こえてくるだけの信長《のぶなが》に惚《ほ》れ、「味方《みかた》するなら織田《おだ》に」と主君《しゅくん》や家中《かちゅう》の者《もの》たちに説《と》いてまわり、小寺《こでら》の家中《かちゅう》をまとめてきたのだ。

信長《のぶなが》は官兵衛《かんべえ》の手腕《しゅわん》を高《たか》く評価《ひょうか》し、名刀《めいとう》「圧切《へしきり》」を与《あた》えた。そして、いずれ必《かなら》ず、中国《ちゅうごく》平定《へいてい》に乗《の》り出《だ》すことを約束《やくそく》したのだが、それはいまだ果《は》たせておらず……。

しかし、またも信長《のぶなが》の行《い》く手《て》を阻《はば》む出来事《できごと》が起《お》きた。

和睦《わぼく》したはずの本願寺《ほんがんじ》が、毛利《もうり》の援助《えんじょ》を得《え》て、ふたたび織田《おだ》に敵対《てきたい》してきたのである。

「おのれ、顕如《けんにょ》め。毛利《もうり》に通《つう》じたか！」

信長《のぶなが》は本願寺《ほんがんじ》を包囲《ほうい》し、周辺《しゅうへん》の十か所《しょ》に砦《とりで》を築《きず》き、食糧《しょくりょう》や弾薬《だんやく》などの物資《ぶっし》が本願寺側《ほんがんじがわ》に回《まわ》らないようにした。

兵糧《ひょうろう》攻《ぜ》めに苦《くる》しむ本願寺《ほんがんじ》を救《すく》うべく、毛利《もうり》は水軍《すいぐん》を摂津《せっつ》へ差《さ》し向《む》けた。援助物資《えんじょぶっし》を海《うみ》から運《はこ》び込《こ》もうとしたのである。織田《おだ》もこれを阻止《そし》すべく水軍《すいぐん》を出《だ》し——。

七月《がつ》十三日《にち》、毛利《もうり》八百艘《ぴゃくそう》と織田《おだ》三百艘《びゃくそう》の水軍《すいぐん》が木津川口《きづがわぐち》で激突《げきとつ》。のちに「第一次木津川の戦い《だいじきづがわのたたかい》」と呼《よ》ばれるこの戦《いくさ》に、織田水軍《おだすいぐん》は惨敗《ざんぱい》した。数《かず》で負《ま》けていたのもあるが、毛利軍《もうりぐん》から放《はな》たれた火矢《ひや》や火薬《かやく》を詰《つ》めた焙烙玉《ほうろくだま》の攻撃《こうげき》を受《う》け、壊滅《かいめつ》したのである。瀬戸内海周辺《せとないかいしゅうへん》の武将《ぶしょう》たちと海戦《かいせん》を繰《く》り返《かえ》してきた毛利水軍《もうりすいぐん》のほうが、海上《かいじょう》での戦《いくさ》に長《た》けていたのは当然《とうぜん》の結果《けっか》ともいえた。

◆◆◆

天正《てんしょう》五年《ねん》（一五七七年《ねん》）九月《がつ》、今度《こんど》は越後《えちご》の上杉謙信《うえすぎけんしん》が挙兵《きょへい》した。謙信《けんしん》といえば、かつて武田信玄《たけだしんげん》と信濃《しなの》の川中島《かわなかじま》で五度《ど》も衝突《しょうとつ》した〝越後《えちご》の龍《りゅう》〟と謳《うた》われる武将《ぶしょう》である。謙信《けんしん》は自分《じぶん》の欲《よく》では動《うご》かない義《ぎ》に厚《あつ》い男《おとこ》だ。川中島《かわなかじま》で信玄《しんげん》と戦《いくさ》を繰《く》り返《かえ》したのも、信濃《しなの》の民《たみ》から助《たす》けを求《もと》められたからだった。

その謙信《けんしん》が、加賀《かが》の一向一揆《いっこういっき》を討《う》って越後《えちご》へと北上《ほくじょう》しつつある織田《おだ》を牽制《けんせい》すべく、出陣《しゅつじん》したのである。

謙信《けんしん》は素早《すばや》く能登《のと》を制圧《せいあつ》。四万《まん》の軍勢《ぐんぜい》を率《ひき》いて織田《おだ》の重臣《じゅうしん》・柴田勝家《しばたかついえ》が向《む》かっていると知《し》ると、加賀《かが》の手取川《てどりがわ》まで南下《なんか》して迎《むか》え討《う》つことにした。

が、上杉軍《うえすぎぐん》の中《なか》には織田《おだ》を恐《おそ》れている者《もの》も多《おお》くいた。

「あの武田《たけだ》を破《やぶ》った織田《おだ》だぞ」

「鉄砲《てっぽう》の使《つか》い方《かた》が恐《おそ》ろしく巧《うま》いと聞《き》く」

それに対《たい》し、謙信《けんしん》は「なにも恐《おそ》れることはない」と笑《わら》った。

「鉄砲《てっぽう》など少《すこ》しも怖《こわ》くはない。的《まと》に当《あ》たらなければ意味《いみ》はない」

謙信《けんしん》は夜襲《やしゅう》を考《かんが》えていた。鉄砲《てっぽう》がいかに威力《いりょく》のある武器《ぶき》といえど、夜《よる》の闇《やみ》の中《なか》では的《まと》は見《み》えない。「長篠《ながしの》の戦《たたか》い」での武田勝頼《たけだかつより》の敗北《はいぼく》は、日《ひ》のある時間《じかん》に真《ま》っ向《こう》から突《つ》き進《すす》んで、鉄砲《てっぽう》の餌食《えじき》になったからだ、と分析《ぶんせき》していたのだ。

そして、九月《がつ》二十三日《にち》の夜《よる》。折《おり》よく雨《あめ》が降《ふ》ってきた。

「夜闇《よやみ》では撃《う》つべき的《まと》も見《み》えず、雨《あめ》では火薬《かやく》が湿《しめ》って鉄砲《てっぽう》は使《つか》い物《もの》にならない。まさに好機《こうき》！　討《う》って出《で》るぞ！」

対《たい》する織田軍《おだぐん》は手取川《てどりがわ》を渡《わた》ったところで陣《じん》を張《は》っていた。

それも謙信《けんしん》の策《さく》であった。自軍《じぐん》が川《かわ》を渡《わた》る手間《てま》を省《はぶ》くため、わざとこちらへ引《ひ》き寄《よ》せたのだ。

「かかれ――っ！」

「おお――っ」

一方《いっぽう》の織田軍《おだぐん》はまとまりがなかった。従軍《じゅうぐん》してきた羽柴秀吉《はしばひでよし》が勝家《かついえ》と揉《も》めて離反《りはん》するなどして、軍《ぐん》の統率《とうそつ》がまったく取《と》れていなかったのだ。

「退《ひ》けーっ、退《ひ》けーっ！」

急《いそ》いで撤退《てったい》しようにも、夜《よる》の闇《やみ》に雨《あめ》が降《ふ》りしきり視界《しかい》が悪《わる》い。しかも背後《はいご》の川《かわ》は雨《あめ》で増《ぞう》水《すい》して深《ふか》くなり、流《なが》れも速《はや》くなっている。

織田軍《おだぐん》の多《おお》くは川《かわ》に呑《の》み込《こ》まれ、千人以上《せんにんいじょう》が戦死《せんし》。

「戦《たたか》ってみると織田《おだ》は案外弱《あんがいよわ》いな」

謙信《けんしん》の戦略《せんりゃく》が冴《さ》えたこの「手取川《てどりがわ》の戦《たたか》い」は、こうして、あまり労《ろう》なく上杉軍《うえすぎぐん》が勝利《しょうり》を収《おさ》めたのである。

この敗戦《はいせん》を知《し》った信長《のぶなが》は、当然《とうぜん》、激怒《げきど》した。

「秀吉《ひでよし》はなぜ、勝手《かって》に軍《ぐん》を離《はな》れたのだ⁉」

一方《いっぽう》、自身《じしん》の居城《きょじょう》・長浜城《ながはまじょう》へ戻《もど》った秀吉《ひでよし》は、家族《かぞく》や家臣《かしん》たちと酒宴《しゅえん》を開《ひら》き、どんちゃん騒《さわ》ぎをやっていた。

実《じつ》はこれは秀吉《ひでよし》の作戦《さくせん》であった。城《しろ》に籠《こ》もっておとなしくしていたら、逆《ぎゃく》に「秀吉《ひでよし》は謀《む》叛《ほん》を企《くわだ》てている」と信長《のぶなが》に思《おも》われかねない。それで敢《あ》えて大勢《おおぜい》で馬鹿騒《ばかさわ》ぎをし、「謀叛《むほん》なぞこれっぽっちも考《かんが》えていませんよ」という意思《いし》を示《しめ》したのだ。

「猿《さる》め、考《かんが》えたな」

本来《ほんらい》なら切腹《せっぷく》ものだが、信長《のぶなが》は秀吉《ひでよし》を許《ゆる》した。

よくよく聞《き》けば、進軍《しんぐん》の途中《とちゅう》で七尾城《ななおじょう》がすでに上杉《うえすぎ》の手《て》に落《お》ちたと知《し》った秀吉《ひでよし》は、雨《あめ》が降《ふ》ってきたこともあり、「上杉《うえすぎ》との戦《いくさ》は不利《ふり》」と考《かんが》え、「戦《いくさ》は後日《ごじつ》、態勢《たいせい》を立《た》て直《なお》してからにすべきだ」と勝家《かついえ》に進言《しんげん》したという。が、一刻《いっこく》も早《はや》く七尾城《ななおじょう》を救出《きゅうしゅつ》したいと思《おも》っていた勝家《かついえ》は、秀吉《ひでよし》の意見《いけん》を聞《き》き入《い》れなかったのだ。

そんな秀吉《ひでよし》に、信長《のぶなが》はまずは八月《がつ》に謀叛《むほん》を起《お》こした家臣《かしん》・松永久秀《まつながひさひで》を討《う》たせると、次《つぎ》に中国平定《ちゅうごくへいてい》を命《めい》じた。

「これ以上《いじょう》、毛利《もうり》の東《ひがし》への侵攻《しんこう》を許《ゆる》してはならん」

「ははっ、この大役《たいやく》、必《かなら》ずや成《な》し遂《と》げてみせまする！」

力強《ちからづよ》く約束《やくそく》したあと、秀吉《ひでよし》は信長《のぶなが》にこう申《もう》し出《で》た。

「信長様《のぶながさま》、わしには息子《むすこ》がおりません。ですから、四男《なん》の於次丸様《おつぎまるさま》を養子《ようし》にくださいませ。そうすれば、長浜《ながはま》十二万石《まんごく》は於次丸様《おつぎまるさま》にお譲《ゆず》りいたします」

「ほう……して、そちはなんとする？」

「西国《さいごく》を切《き》り取《と》って信長様《のぶながさま》に献上《けんじょう》します。ですので、その後《あと》、褒美《ほうび》をいただければ……」

これを聞《き》いた信長《のぶなが》は、おもしろそうに笑《わら》った。

秀吉《ひでよし》は自身《じしん》の領地《りょうち》を織田《おだ》へ返上《へんじょう》し、新《あら》たに自分《じぶん》で手《て》に入《い》れた土地《とち》から分《わ》け前《まえ》をもらいたいと言《い》ったのだ。

それだけ、中国平定《ちゅうごくへいてい》に命《いのち》を懸《か》けている、という覚悟《かくご》を見《み》せたのである。

信長《のぶなが》は秀吉《ひでよし》の願《ねが》いを聞《き》き入《い》れ、四男《なん》の於次丸《おつぎまる》を養子《ようし》に出《だ》すことを約束《やくそく》した。

播磨《はりま》では、あれから官兵衛《かんべえ》が東播磨《ひがしはりま》の小大名《しょうだいみょう》たちの間《あいだ》を駆《か》け回《まわ》り、次々《つぎつぎ》と織田《おだ》へ恭順《きょうじゅん》させることに成功《せいこう》している。

そうして秀吉《ひでよし》は十月《がつ》、播磨《はりま》の姫路城《ひめじじょう》に入《はい》り、本格的《ほんかくてき》に中国平定《ちゅうごくへいてい》に着手《ちゃくしゅ》したのである。

第十八章◆石山合戦《いしやまかっせん》、終結《しゅうけつ》す

羽柴秀吉《はしばひでよし》による播磨平定《はりまへいてい》は、信長《のぶなが》が与力《よりき》（補佐《ほさ》）としてつけた竹中半兵衛《たけなかはんべえ》や黒田官兵衛《くろだかんべえ》の働《はたら》きもあり、順調《じゅんちょう》に進《すす》んだ。

が――年《とし》が明《あ》けて、天正《てんしょう》六年《ねん》（一五七八年《ねん》）三月《がつ》、播磨《はりま》の小大名《しょうだいみょう》の中《なか》では最大《さいだい》の勢力《せいりょく》を誇《ほこ》る別所長治《べっしょながはる》が反旗《はんき》を翻《ひるがえ》して本拠《ほんきょ》の三木城《みきじょう》に立《た》て籠《こ》もり、十月《がつ》には信長《のぶなが》の家臣《かしん》・荒木村重《あらきむらしげ》が裏切《うらぎ》った。

村重《むらしげ》は、下剋上《げこくじょう》を起《お》こして摂津国三十七万石《せっつのくにまんごく》を手《て》に入《い》れた――という野心《やしん》のかたまりである。信長《のぶなが》はそういう男《おとこ》は嫌《きら》いではなく、目《め》をかけていたのだ。

「村重《むらしげ》め、取《と》り立《た》ててやった恩《おん》を忘《わす》れたか！」

実《じっ》に腹立《はらだ》たしいが、この裏切《うらぎ》りは播磨《はりま》にも影響《えいきょう》を与《あた》えた。

摂津《せっつ》は播磨《はりま》の東隣《ひがしどなり》に位置《いち》する。村重《むらしげ》の裏切《うらぎ》りにより、播磨《はりま》は西《にし》も東《ひがし》も敵《てき》に囲《かこ》まれてしまったのである。

（もうすぐ毛利水軍《もうりすいぐん》が海上《かいじょう》から大坂《おおさか》へ迫《せま》り、本願寺《ほんがんじ》へ向《む》かう。そうすれば、織田《おだ》は必《かなら》ず負《ま》ける）

かつて、織田《おだ》の水軍《すいぐん》が木津川口《きづがわぐち》で惨敗《ざんぱい》したのは記憶《きおく》に新《あたら》しい。此度《こたび》も海戦《かいせん》を知《し》り尽《つ》くしている毛利水軍《もうりすいぐん》の前《まえ》に、織田《おだ》の水軍《すいぐん》は歯《は》が立《た》たないだろう。

しかし、村重《むらしげ》の考《かんが》えは甘《あま》かった。

十一月六日《がつかか》、大坂湾《おおさかわん》で毛利水軍《もうりすいぐん》を待《ま》ち構《かま》えていたのは、それまで誰《だれ》も見《み》たことのない、鉄《てっ》を張《は》った大《おお》きな船《ふね》——鉄甲船《てっこうせん》六艘《そう》だった。

のちの世《よ》にいう「第二次木津川口《だいじきづがわぐち》の戦《たたか》い」である。

対《たい》する毛利水軍《もうりすいぐん》は六百隻《びゃくせき》の大船団《だいせんだん》であったが、朝《あさ》から正午過《しょうごす》ぎまで行《おこな》われたこの戦《いくさ》に完敗《かんぱい》した。前回《ぜんかい》の戦《いくさ》で織田水軍《おだすいぐん》を苦《くる》しめた火矢《ひや》や焙烙玉《ほうろくだま》が、ほとんど役《やく》に立《た》たなかったのである。信長《のぶなが》は「燃《も》えない船《ふね》を造《つく》れ」と九鬼嘉隆《くきよしたか》に命《めい》じ、毛利水軍《もうりすいぐん》との再戦《さいせん》に備《そな》えて、伊勢《いせ》で造《つく》らせていたのだ。

この戦《いくさ》の三日後《かご》、信長《のぶなが》は自《みずか》ら出陣《しゅつじん》し、十四日《か》には有岡城《ありおかじょう》を包囲《ほうい》した。が、城下町全体《じょうかまちぜんたい》を堀《ほり》と土塁《どるい》で囲《かこ》まれた城《しろ》は守《まも》りが堅《かた》く、攻《せ》め落《お》とすのは難《むずか》しく——。

「こうなれば、兵糧攻《ひょうろうぜ》めにせよ」

信長《のぶなが》はそう命《めい》じ、十二月下旬《がつげじゅん》、安土《あづち》へと戻《もど》った。

天正《てんしょう》七年《ねん》（一五七九年《ねん》）五月《がつ》、信長《のぶなが》は完成《かんせい》した安土城《あづちじょう》に入《はい》った。

内装工事《ないそうこうじ》はまだ完了《かんりょう》していないが、七層《そう》の天守《てんしゅ》を持《も》つ城《しろ》の威容《いよう》は見事《みごと》で、特《とく》に最上階《さいじょうかい》の壮麗《そうれい》さは見《み》る者《もの》の目《め》を奪《うば》う豪華《ごうか》さであった。金《きん》、青《あお》、赤《あか》、黄色《きいろ》……さまざまな色《いろ》で彩《いろど》られた城《しろ》は、他《た》に類《るい》を見《み》ない華麗《かれい》なものである。

普通《ふつう》、城《しろ》は防御施設《ぼうぎょしせつ》としての機能《きのう》に重《おも》きを置《お》くが、これは人々《ひとびと》に〝見《み》せる〟または〝魅《み》せる〟ための城《しろ》だった。信長《のぶなが》の権威《けんい》を象徴《しょうちょう》するために、華美《かび》な装飾《そうしょく》を取《と》り入《い》れたのだ。

その後《ご》も各地《かくち》での戦《いくさ》が続《つづ》く中《なか》、十二月《がつ》、ついに有岡城《ありおかじょう》が落城《らくじょう》した。城主《じょうしゅ》の村重《むらしげ》はなんと大事《だいじ》な茶器《ちゃき》を持《も》って九月《がつ》に脱出《だっしゅつ》し、息子《むすこ》が守《まも》る花隈城《はなくまじょう》に移《うつ》っていたが、残《のこ》った者《もの》たちが最《さい》後《ご》まで抵抗《ていこう》を続《つづ》けていたのだ。

信長《のぶなが》は有岡城《ありおかじょう》に籠城《ろうじょう》していた五百《ひゃく》以上《いじょう》の者《もの》たちを浜辺《はまべ》に引《ひ》き出《だ》して焼《や》き殺《ころ》させ、村重《むらしげ》の正室《せいしつ》・だしをはじめ一族《いちぞく》三十余名《よめい》は京《きょう》の六条河原《ろくじょうがわら》で斬首《ざんしゅ》の刑《けい》に処《しょ》した。これまで、戦国《せんごく》の戦《いくさ》では、お市《いち》の方《かた》とその姫《ひめ》たちが助《たす》かったように、女《おんな》や女児《じょじ》は助《たす》けるのが暗黙《あんもく》の了解《りょうかい》であったのだが、信長《のぶなが》は容赦《ようしゃ》しなかったのだ。

（甘《あま》い顔《かお》をすれば、裏切《うらぎ》りがあとを絶《た》たなくなる）

この者《もの》たちは〝見《み》せしめ〟にされたのである。

◆◆◆

翌年《よくとし》の天正《てんしょう》八年《ねん》（一五八〇年《ねん》）閏《うるう》三月《がつ》五日《か》、信長《のぶなが》は石山本願寺《いしやまほんがんじ》との和睦《わぼく》に至《いた》った。

和睦《わぼく》の条件《じょうけん》は、信長《のぶなが》が本願寺《ほんがんじ》の宗教的《しゅうきょうてき》な権威《けんい》を認《みと》めることと、本願寺《ほんがんじ》のほうは法主《ほっす》の顕如《けんにょ》とその子《こ》・教如《きょうにょ》が七月《がつ》二十日《か》までに退去《たいきょ》するということでまとまった。

そして、早《はや》くも四月《がつ》に顕如《けんにょ》が紀伊《きい》へ移《うつ》り、期限《きげん》を過《す》ぎても立《た》て籠《こ》もっていた教如《きょうにょ》も、徹底抗戦《てっていこうせん》をあきらめて八月《がつ》には大坂《おおさか》を出《で》た。

教如《きょうにょ》が出《で》た直後《ちょくご》——本願寺《ほんがんじ》は炎《ほのお》を噴《ふ》き上《あ》げて、三日間《かかん》にわたって燃《も》え続《つづ》けたのち、消失《しょうしつ》した。教如《きょうにょ》たちが信長《のぶなが》へのささやかな抵抗《ていこう》として放火《ほうか》したのだ。

こうして、元亀元年《げんきがんねん》（一五七〇年《ねん》）から約十年《やくねん》に及《およ》んだ「石山合戦《いしやまかっせん》」に、ついに終止符《しゅうしふ》が打《う》たれ——。八月《がつ》十二日《にち》、信長《のぶなが》は京《きょう》から舟《ふね》で川《かわ》を下《くだ》り、大坂《おおさか》に入《はい》った。本願寺《ほんがんじ》の焼《や》け跡《あと》を検分《けんぶん》するためだ。

（こんなにも長《なが》く戦《たたか》った相手《あいて》が、御仏《みほとけ》の使《つか》いを称《しょう》する僧侶《そうりょ》だったとはな）

しかし、これで本願寺《ほんがんじ》が扇動《せんどう》してきた各地《かくち》の一向一揆《いっこういっき》も終息《しゅうそく》するだろう。

その後《ご》、信長《のぶなが》は本願寺攻《ほんがんじぜ》めを行《おこな》っていた佐久間信盛《さくまのぶもり》・信栄《のぶひで》父子《おやこ》を高野山《こうやさん》へ追放《ついほう》した。この五年間《ねんかん》、本願寺攻《ほんがんじぜ》めにおいて、たいした功績《こうせき》を挙《あ》げなかったと判断《はんだん》したからだ。

これにより、信長《のぶなが》は「能力《のうりょく》のない者《もの》は容赦《ようしゃ》なく斬《き》り捨《す》てる」という考《かんが》えを、改《あらた》めて家中《かちゅう》の者《もの》たちに知《し》らしめたのである。親《おや》から引《ひ》き継《つ》いで手《て》にした地位《ちい》に、あぐらをかいているようなやつに用《よう》はない。譜代《ふだい》の家臣《かしん》でなくとも、能力《のうりょく》のある者《もの》は秀吉《ひでよし》や明智光秀《あけちみつひで》のようにどんどん出世《しゅっせ》させるというわけだ。

十一月《がつ》には、百年《ひゃくねん》ほど前《まえ》に守護《しゅご》が追放《ついほう》され、本願寺《ほんがんじ》の領国《りょうごく》となっていた加賀《かが》の一向一揆《いっこういっき》を鎮圧《ちんあつ》。加賀《かが》の平定《へいてい》がなると、信長《のぶなが》は前田利家《まえだとしいえ》を能登《のと》に、佐々成政《さっさなりまさ》を越中《えっちゅう》に置《お》いて、それぞれ能登《のと》と越中《えっちゅう》の平定《へいてい》にあたらせた。

中国方面《ちゅうごくほうめん》の戦《たたか》いは、一月《がつ》に秀吉《ひでよし》が播磨《はりま》の中《なか》で最後《さいご》まで抵抗《ていこう》していた別所長治《べっしょながはる》の三木城《みきじょう》を落《お》としたことで、すでに播磨《はりま》の平定《へいてい》がなっていた。三木城攻《みきじょうぜ》めを行《おこな》っている最中《さいちゅう》に、播磨《はりま》の西隣《にしどなり》の備前《びぜん》の大名《だいみょう》・宇喜多直家《うきたなおいえ》も織田《おだ》へ寝返《ねがえ》らせることに成功《せいこう》しており、その後《ご》、秀吉《ひでよし》は鳥取城《とっとりじょう》を落《お》として因幡《いなば》の平定《へいてい》もなしている。中国平定《ちゅうごくへいてい》は着々《ちゃくちゃく》と進《すす》んでいた。

（中国《ちゅうごく》の平定《へいてい》がなれば、京《きょう》より西《にし》は、あとは四国《しこく》の長宗我部《ちょうそかべ》と九州《きゅうしゅう》の大名《だいみょう》たちだ……）

因幡攻略《いなばこうりゃく》と同時《どうじ》に、秀吉《ひでよし》は淡路《あわじ》と四国《しこく》の阿波《あわ》の平定《へいてい》も進《すす》めた。

関東《かんとう》や東北《とうほく》の大名《だいみょう》たちも、いずれは皆《みな》、織田《おだ》に国《くに》を差《さ》し出《だ》すことになるだろう。

（天下統一《てんかとういつ》……そのためには無能《むのう》な者《もの》はいらぬ）

壮大《そうだい》な夢《ゆめ》に囚《とら》われた信長《のぶなが》は、次第《しだい》に、人間《にんげん》にとってもっとも大事《だいじ》な〝情《じょう》〟の部分《ぶぶん》が見《み》えなくなってきていることに、気《き》づいていなかった。

第十九章◆武田滅亡《たけだめつぼう》

天正《てんしょう》九年《ねん》（一五八一年《ねん》）二月《がつ》二十八日《にち》、京《きょう》の御所《ごしょ》の東側《ひがしがわ》で大規模《だいきぼ》な馬揃《うまぞろ》えが行《おこな》われた。これは長《なが》い馬場《ばば》を五百騎《ひゃくき》以上《いじょう》の騎馬武者《きばむしゃ》たちが華麗《かれい》な軍装《ぐんそう》で練《ね》り歩《ある》くという行事《ぎょうじ》で、観覧《かんらん》するための仮御殿《かりごてん》も建《た》てられた。この日《ひ》は、正親町天皇《おおぎまちてんのう》や公家《くげ》たちをはじめ、各武将《かくぶしょう》たちの家族《かぞく》や京《きょう》の町《まち》の人々《ひとびと》など、大勢《おおぜい》の人《ひと》たちが見物《けんぶつ》に集《あつ》まった。

北陸方面《ほくりくほうめん》での戦《いくさ》に忙《いそが》しい柴田勝家《しばたかついえ》や、中国方面《ちゅうごくほうめん》の攻略《こうりゃく》にかかりきりの羽柴秀吉《はしばひでよし》の参加《さんか》は無理《むり》だったが、畿内《きない》または畿内《きない》に近《ちか》い国《くに》の武将《ぶしょう》たちが一堂《いちどう》に会《かい》し、勇壮《ゆうそう》さを競《きそ》う様子《ようす》は圧巻《あっかん》であった。

この、天皇《てんのう》の御前《ごぜん》で披露《ひろう》するという重要《じゅうよう》な行事《ぎょうじ》の総奉行《そうぶぎょう》を、信長《のぶなが》は明智光秀《あけちみつひで》にまかせた。馬揃《うまぞろ》えというのは宣教師《せんきょうし》たちから聞《き》き及《およ》んだ西洋《せいよう》の真似事《まねごと》だが、光秀《みつひで》は有職故実《ゆうそくこじつ》に長《た》けているので、天皇《てんのう》や公家《くげ》たちを満足《まんぞく》させるに足《た》る格式《かくしき》の高《たか》さを盛《も》り込《こ》ませたのだ。

武将《ぶしょう》たちはそれぞれ華麗《かれい》な衣装《いしょう》に身《み》を包《つつ》み、随行《ずいこう》する兵《へい》たちも長槍《ながやり》や幟《のぼり》を持《も》ち、勇壮《ゆうそう》な雰囲気《ふんいき》をかもしだす。

「おお……」

「これは素晴《すば》らしい」

「なんて華麗《かれい》なのかしら」

人々《ひとびと》は感嘆《かんたん》し、目《め》の前《まえ》をゆく武将《ぶしょう》たちに視線《しせん》を注《そそ》ぐ。

華麗《かれい》なる武将《ぶしょう》たちの行軍《こうぐん》は進《すす》み、最後《さいご》に満《まん》を持《じ》して信長《のぶなが》が登場《とうじょう》。

唐冠《とうかむり》をかぶり、紅緞子《べにどんす》をまとい、梅《うめ》の花《はな》を挿《さ》した信長《のぶなが》の姿《すがた》は、中国《ちゅうごく》の皇帝《こうてい》を思《おも》わせるものでかなり派手《はで》であったが、その堂々《どうどう》とした振《ふ》る舞《ま》いもあって見《み》る者《もの》すべてを釘付《くぎづ》けにした。

七月《がつ》十五日《にち》には、安土城《あづちじょう》にて大規模《だいきぼ》な盂蘭盆会《うらぼんえ》が開催《かいさい》された。

盂蘭盆会《うらぼんえ》は先祖《せんぞ》の霊《れい》を供養《くよう》するため、迎《むか》え火《び》や送《おく》り火《び》を焚《た》くものだが、信長《のぶなが》は城《しろ》と城下町《じょうかまち》を使《つか》って、たくさんの灯《あか》りで飾《かざ》ってみせたのである。

城《しろ》や安土山《あづちやま》の中腹《ちゅうふく》の寺《てら》の軒先《のきさき》に色《いろ》とりどりの提灯《ちょうちん》を吊《つ》るし、堀《ほり》には松明《たいまつ》を灯《とも》した舟《ふね》を浮《う》かべ、大手道《おおてみち》にも松明《たいまつ》を持《も》った馬廻衆《うままわりしゅう》を配置《はいち》したので、まるで光《ひかり》の道《みち》が現《あらわ》れたかのようであった。

実《じつ》は、これは近々《ちかぢか》帰国《きこく》する宣教師《せんきょうし》ヴァリニャーノをもてなすために考《かんが》えたことだった。信長《のぶなが》はすでにキリスト教《きょう》の布教《ふきょう》を認《みと》めており、安土《あづち》には神学校《セミナリヨ》もある。

「存分《ぞんぶん》に楽《たの》しんでいくといい」

「おお……」

ヴァリニャーノに随行《ずいこう》してきたルイス・フロイスをはじめとする外国人《がいこくじん》たちは、幻想的《げんそうてき》な光景《こうけい》に目《め》を奪《うば》われ、何度《なんど》も感嘆《かんたん》の声《こえ》を上《あ》げた。

「この世《よ》のものとは思《おも》えない景色《けしき》ですね……」

濃《のう》もうっとりと見《み》つめていると、隣《となり》に立《た》った信長《のぶなが》が肩《かた》に手《て》を置《お》いた。

「そのうち、もっとすごい景色《けしき》を見《み》せてやろう」

「はい、天下統一《てんかとういつ》をなしたときの景色《けしき》ですね。楽《たの》しみにしております」

「ははは、言《い》うな、おまえも」

信長《のぶなが》は笑《わら》って、幻想的《げんそうてき》な夜景《やけい》に目《め》を移《うつ》す。

「濃《のう》、天下統一《てんかとういつ》をなしたのちは、唐《から》を目指《めざ》すぞ」

「まあ、海《うみ》の向《む》こうへ？」

「ああ、俺《おれ》はこの目《め》で世界《せかい》を見《み》てみたいのだ」

京《きょう》よりもさらに先《さき》の大陸《たいりく》を見据《みす》えるように、信長《のぶなが》の目《め》はまっすぐに西《にし》を見《み》ている。

今回《こんかい》の盂蘭盆会《うらぼんえ》を宣教師《せんきょうし》たちに披露《ひろう》したのは、自身《じしん》の威光《いこう》を海《うみ》の向《む》こうに伝《つた》えてもらうためでもあったのだ。

濃《のう》は、ゆったりと微笑《ほほえ》んだ。

「ふふ、私《わたし》はどこへでもついていきますとも」

「おまえならそう言《い》うと思《おも》っていた。無茶《むちゃ》だからやめろとか、普通《ふつう》なら言《い》いそうなものだが――」

「あら、私《わたし》を誰《だれ》だと思《おも》っているんですか？」

「美濃《みの》のマムシの娘《むすめ》だろう」

その答《こた》えに、濃《のう》は「いいえ」と首《くび》を振《ふ》った。

「それもそうですけれど……私《わたし》は、あなた様《さま》の妻《つま》ですよ」

「そうか……ははは、確《たし》かに！　そのとおりだ！」

信長《のぶなが》は楽《たの》しそうに笑《わら》った。

夜《よる》を彩《いろど》る無数《むすう》の光《ひかり》が、その笑《わら》い声《ごえ》に呼応《こおう》して揺《ゆ》れているようだった。

◆◆◆

天正十年《てんしょうねん》（一五八二年《ねん》）一月一日《がつついたち》、信長《のぶなが》は安土城完成記念式典《あづちじょうかんせいきねんしきてん》を行《おこな》い、城《しろ》を公開《こうかい》して多《おお》くの人々《ひとびと》に見《み》せた。安土《あづち》には壮麗《そうれい》な城《しろ》の中《なか》を見《み》ようと、たくさんの人《ひと》が詰《つ》めかけ、石垣《いしがき》を踏《ふ》み外《はず》して落《お》ちて死《し》ぬ者《もの》まで出《で》たほどだった。

そして、翌月《よくげつ》の二月《がつ》。武田攻略《たけだこうりゃく》に大《おお》きな動《うご》きが出《で》た。

二月一日《がつついたち》、信濃《しなの》は木曾《きそ》の福島城主《ふくしまじょうしゅ》・木曾義昌《きそよしまさ》が甲斐《かい》の武田勝頼《たけだかつより》を見限《みかぎ》り、織田《おだ》に投降《とうこう》したのだ。義昌《よしまさ》の妻《つま》は亡《な》き武田信玄《たけだしんげん》の三女《じょ》で、勝頼《かつより》の異母姉《あね》。つまり、勝頼《かつより》は義理《ぎり》の兄《あに》に裏切《うらぎ》られたのである。

信濃侵攻《しなのしんこう》の足《あし》がかりを得《え》た信長《のぶなが》は、嫡男《ちゃくなん》の信忠《のぶただ》を総大将《そうだいしょう》にして武田攻《たけだぜ》めを実行《じっこう》。

次《つぎ》に義昌《よしまさ》と同《おな》じく勝頼《かつより》の義兄《あに》――信玄《しんげん》の次女《じじょ》を妻《つま》とする穴山梅雪《あなやまばいせつ》が裏切《うらぎ》り、徳川家康《とくがわいえやす》に投降《とうこう》。徳川軍《とくがわぐん》に加《くわ》わり、駿河《するが》から富士川《ふじかわ》をさかのぼって甲斐《かい》へと侵攻《しんこう》した。

一方《いっぽう》、信濃《しなの》を進《すす》んだ信忠《のぶただ》は三月《がっ》二日《か》、信玄《しんげん》の五男《なん》・盛信《もりのぶ》が守《まも》る高遠城《たかとおじょう》を激戦《げきせん》の末《すえ》、陥落《かんらく》させ――。

追《お》い詰《つ》められた勝頼《かつより》はこの頃《ころ》、本拠《ほんきょ》にしていた新府城《しんぷじょう》を焼《や》き払《はら》い、譜代《ふだい》の家臣《かしん》・小山田《おやまだ》信茂《のぶしげ》の勧《すす》めに従《したが》って、甲斐《かい》の南《みなみ》に位置《いち》する岩殿城《いわどのじょう》を目指《めざ》したが……その途中《とちゅう》、信茂《のぶしげ》の裏切《うらぎ》りに遭《あ》い、天目山《てんもくざん》の山中《さんちゅう》で妻《つま》や子《こ》をはじめ、供《とも》の者《もの》たちと自刃《じじん》した。

勝頼《かつより》の首《くび》は信忠《のぶただ》に送《おく》られ、信忠《のぶただ》から信長《のぶなが》へと届《とど》けられた。

三月《がっ》十四日《か》、信長《のぶなが》は勝頼《かつより》の首実検《くびじっけん》をした。

「これが武田勝頼《たけだかつより》か。なかなかの強敵《きょうてき》であった。父《ちち》・信玄《しんげん》よりも領土《りょうど》を広《ひろ》げ、この信長《のぶなが》や徳川《とくがわ》を苦《くる》しめたこと……賞賛《しょうさん》に値《あたい》する」

こうして、鎌倉以来《かまくらいらい》続《つづ》く名門《めいもん》・甲斐源氏《かいげんじ》の流《なが》れを汲《く》む武田氏《たけだし》は、二十代目《だいめ》にして滅《ほろ》んだのである。

その後《ご》、信長《のぶなが》は主家《しゅか》を裏切《うらぎ》った義昌《よしまさ》と梅雪《ばいせつ》に旧領《きゅうりょう》を安堵《あんど》し、駿河《するが》を家康《いえやす》に、甲斐《かい》は河尻《かわじり》秀隆《ひでたか》に、そのほか、武田《たけだ》が有していた信濃《しなの》と上野《こうずけ》の一部《いちぶ》を、武田攻《たけだぜ》めに貢献《こうけん》した家臣《かしん》たちに配分《はいぶん》した。

四月《がつ》に入《はい》ってから、信長《のぶなが》は甲斐《かい》と駿河《するが》の視察《しさつ》も兼《か》ねて、旅《たび》をしながら安土《あづち》に戻《もど》ることにした。井手野《いでの》にて山頂《さんちょう》に白《しろ》い雪《ゆき》をまとった日本一《にほんいち》の富士《ふじ》を見物《けんぶつ》したり、三保《みほ》の松原《まつばら》にて天《あま》の羽衣《はごろも》の松《まつ》を見《み》たり——と旅《たび》を堪能《たんのう》。行《い》く先々《さきざき》には家康《いえやす》の指示《しじ》で信長《のぶなが》のための休息所《きゅうそくじょ》が設《もう》けられ、信長《のぶなが》は家康《いえやす》に感謝《かんしゃ》した。

「武田攻《たけだぜ》めのいちばんの功《こう》は家康殿《いえやすどの》だ。今度《こんど》、礼《れい》をせねばな」

「いえ、私《わたし》は駿河一国《するがいっこく》を賜《たまわ》っただけで、もう充分《じゅうぶん》ですが……」

「遠慮《えんりょ》することはない。この二十年《ねん》、盟友《めいゆう》としてそばにいてくれた家康殿《いえやすどの》のことを、俺《おれ》は弟同然《おとうとどうぜん》に思《おも》っているのだから」

家臣《かしん》に裏切《うらぎ》られ続《つづ》けた信長《のぶなが》の、これは本心《ほんしん》だった。

家康《いえやす》の目《め》が、感激《かんげき》の涙《なみだ》で潤《うる》む。

「信長様《のぶながさま》……！　ありがとうございます。では、駿河《するが》を賜《たまわ》ったお礼《れい》を述《の》べに安土《あづち》へうかがいます」

正月《しょうがつ》の記念式典《きねんしきてん》の際《さい》、家康《いえやす》の姿《すがた》はなかった。そのときは高天神城《たかてんじんじょう》をめぐって武田《たけだ》と緊張《きんちょう》状態《じょうたい》にあり、動《うご》けなかったのだ。そのこともあり、信長《のぶなが》は家康《いえやす》を安土城《あづちじょう》にてもてなしたいと思《おも》ったのである。

事件《じけん》が起《お》きたのは、それから間《ま》もなくのことであった。

第二十章◆本能寺《ほんのうじ》の変《へん》

安土《あづち》に戻《もど》った信長《のぶなが》は家臣《かしん》たちを集《あつ》め、甲斐《かい》・信濃《しなの》を降《くだ》した祝《いわ》いの宴《うたげ》を開《ひら》いた。

「大変《たいへん》めでたいことでございまする。我《われ》らも長年《ながねん》、骨《ほね》を折《お》った甲斐《かい》がございました」

と明智光秀《あけちみつひで》が祝辞《しゅくじ》を述《の》べたあと、信長《のぶなが》の顔色《かおいろ》がサッと変《か》わった。

「おまえがいつ、どこで骨《ほね》を折《お》り、いかなる武功《ぶこう》を立《た》てたというのだ！　自分《じぶん》がもっとも苦労《くろう》したような言《い》いぐさ、許《ゆる》しがたい！」

信長《のぶなが》は光秀《みつひで》を廊下《ろうか》に引《ひ》きずりだし、頭《あたま》を欄干《らんかん》に打《う》ちつけた。

「お、お許《ゆる》しを……！」

「黙《だま》れ、この金柑頭《きんかんあたま》が！」

大勢《おおぜい》の家臣《かしん》の前《まえ》でのこの仕打《しう》ちは、光秀《みつひで》の心《こころ》を深《ふか》くえぐった。

(酒《さけ》に酔《よ》っておられたとはいえ……)

信長《のぶなが》は気性《きしょう》が激《はげ》しく、手《て》がつけられなくなるときがある。光秀《みつひで》は以前《いぜん》、信長《のぶなが》とふたりきりのときに怒《いか》りを買《か》い、足《あし》で蹴《け》られたこともあった。

(私《わたし》のことが疎《うと》ましくなってきたのでは……?)

ここまで必死《ひっし》に信長《のぶなが》のために働《はたら》いてきた。丹波平定《たんばへいてい》は時間《じかん》がかかったが、それは途中《とちゅう》で何度《なんど》もほかの案件《あんけん》で呼《よ》び出《だ》され、中断《ちゅうだん》したことがあったからだ。

信長《のぶなが》はそれだけ、自分《じぶん》のことを頼《たよ》りにしてくれていると思《おも》っていたのだが――。

そんな折《おり》、光秀《みつひで》の長年《ながねん》の努力《どりょく》が水泡《すいほう》に帰《き》す出来事《できごと》が起《お》こった。

光秀《みつひで》の重臣《じゅうしん》・斎藤利三《さいとうとしみつ》の妹《いもうと》が四国《しこく》の長宗我部元親《ちょうそかべもとちか》の妻《つま》である関係《かんけい》で、光秀《みつひで》が織田《おだ》と長宗《ちょうそ》我部《かべ》の間《あいだ》に入《はい》り、これまで戦《いくさ》にならぬよう調整役《ちょうせいやく》となって気《き》を配《くば》ってきたのだが、領地《りょうち》をめぐる問題《もんだい》でこれが破綻《はたん》し、信長《のぶなが》は三男《なん》の信孝《のぶたか》に四国攻《しこくぜ》めを命《めい》じたのである。

光秀《みつひで》の面子《めんつ》は潰《つぶ》されたも同然《どうぜん》だった。

(しかし……私《わたし》は信長様《のぶながさま》の家臣《かしん》。主君《しゅくん》が決《き》めたことなら、異《い》を唱《とな》えるわけにはいかぬ)

そう冷静《れいせい》に考《かんが》え、自分《じぶん》を抑《おさ》えていた光秀《みつひで》の心中《しんちゅう》も知《し》らず、信長《のぶなが》は光秀《みつひで》に別《べつ》の役目《やくめ》を命《めい》じた。徳川家康《とくがわいえやす》と、家康《いえやす》に投降《とうこう》して武田《たけだ》攻めの功《こう》を上《あ》げた穴山梅雪《あなやまばいせつ》のふたりを安土城《あづちじょう》へ招《まね》くことを決め、その饗応役《きょうおうやく》に光秀《みつひで》を指名《しめい》したのだ。

(よし、最高《さいこう》の膳《ぜん》を作《つく》ろう)

これ以上《いじょう》、信長《のぶなが》の機嫌《きげん》を損《そこ》ねないよう、光秀《みつひで》は莫大《ばくだい》な資金《しきん》を投《とう》じて山海《さんかい》の珍味《ちんみ》を取《と》り寄《よ》せ、考《かんが》え得《う》る最高《さいこう》の料理《りょうり》を作《つく》り上《あ》げた。

「このように素晴《すば》らしい膳《ぜん》は見《み》たことがござらぬ」

「さすがは信長様《のぶながさま》、どれも美味《びみ》じゃ」

家康《いえやす》と梅雪《ばいせつ》は大《おお》いに喜《よろこ》び、光秀《みつひで》はホッと胸《むね》を撫《な》でおろしたのだが——。

信長《のぶなが》には思《おも》わぬ不興《ふきょう》を買《か》ってしまった。

「贅沢《ぜいたく》すぎる。家康殿《いえやすどの》にここまでのことをしたならば、朝廷《ちょうてい》の勅使《ちょくし》をもてなすときはどうするつもりだ⁉」

「も、申《もう》し訳《わけ》ございませぬ！　そのときはこれ以上《いじょう》の膳《ぜん》を用意《ようい》しますゆえ、どうかお許《ゆる》しを……！」

「もうよい、おまえは猿《さる》の援軍《えんぐん》に行《い》け」

「秀吉殿《ひでよしどの》の、ですか？」

「そうだ。秀吉《ひでよし》は今《いま》、備中高松城《びっちゅうたかまつじょう》を水攻《みずぜ》めにしているらしい。それはそれは、世《よ》にも稀《まれ》な光景《こうけい》だそうだ」

中国《ちゅうごく》の大大名《だいだいみょう》・毛利輝元《もうりてるもと》が本拠地《ほんきょち》の安芸《あき》から備中《びっちゅう》まで出《で》てきているということもあり、羽柴秀吉《はしばひでよし》は「最後《さいご》の仕上《しあ》げは信長様《のぶながさま》に」と信長《のぶなが》の出陣《しゅつじん》を願《ねが》ってきたという。

「おまえは先《さき》に行《い》け。俺《おれ》はあとから行《い》く」

「し、しかし、饗応役《きょうおうやく》がまだ……」

「それはもういい」

「……かしこまりました」

途中《とちゅう》で役《やく》を解《と》かれるのは恥《はじ》だと感《かん》じたが、信長《のぶなが》の命《めい》には逆《さか》らえない。

そうして、光秀《みつひで》が頭《あたま》を下《さ》げ、静《しず》かに下《さ》がろうとしたとき——。

「そうだ、国替《くにが》えをしよう」

と信長《のぶなが》が言《い》った。

「毛利《もうり》を落《お》とし、中国《ちゅうごく》を平《たい》らげたら、おまえの領地《りょうち》とせよ」

「……はっ、しかし、それでは近江《おうみ》の坂本《さかもと》と丹波《たんば》は……」

「それは今《いま》すぐ召《め》し上《あ》げる。新《あたら》しい領地《りょうち》を確保《かくほ》するため、存分《ぞんぶん》に働《はたら》くがいい」

「……かしこまりました」

光秀《みつひで》が辞《じ》すと、信長《のぶなが》は縁《えん》に出《で》て、琵琶湖《びわこ》を眺《なが》めた。

意地《いじ》の悪《わる》い言《い》い方《かた》になってしまったが、先《さき》ほどのは信長《のぶなが》なりの励《はげ》まし方《かた》だった。

以前《いぜん》、秀吉《ひでよし》が播磨《はりま》へ向《む》かう際《さい》、信長《のぶなが》の息子《むすこ》を養子《ようし》にほしいと願《ねが》い、自身《じしん》の領地《りょうち》は織田《おだ》へ返《かえ》し、その代《か》わり、戦《いくさ》で切《き》り取《と》った土地《とち》を褒美《ほうび》としてもらいたいと言《い》ったことがあった。

そして、約束《やくそく》どおり、信長《のぶなが》は播磨《はりま》一国《こく》を秀吉《ひでよし》に与《あた》えた。

そのことをなつかしく思《おも》い出《だ》し、信長《のぶなが》はあのときの秀吉《ひでよし》のように、光秀《みつひで》にも奮起《ふんき》してほしいと思《おも》ったのだ。

（もうすぐ中国《ちゅうごく》が手《て》に入《はい》る。あのふたりにまかせておけば、安心《あんしん》だ）

戦《いくさ》に絶対《ぜったい》はない。気《き》を抜《ぬ》けば、瞬時《しゅんじ》に首元《くびもと》に刃《やいば》を突《つ》きつけられる。

相手《あいて》は卑劣《ひれつ》なやり方《かた》で周辺《しゅうへん》の武将《ぶしょう》たちを追《お》い落《お》とし、猛将《もうしょう》と恐《おそ》れられた毛利元就《もうりもとなり》の孫《まご》だ。

そして、その輝元《てるもと》には〝毛利両川《もうりりょうせん》〟と称《しょう》される元就《もとなり》の息子《むすこ》たち――父親《ちちおや》の戦略《せんりゃく》どおり、卑《ひ》劣《れつ》な手《て》で他家《たけ》を乗《の》っ取《と》った張本人《ちょうほんにん》の吉川元春《きっかわもとはる》と小早川隆景《こばやかわたかかげ》がついている。どんな手《て》でくるかわからない。

だから、万全《ばんぜん》の態勢《たいせい》で臨《のぞ》むのだ。

光秀《みつひで》は元来《がんらい》、頭《あたま》のいい男《おとこ》である。

少《すこ》し冷静《れいせい》になれば信長《のぶなが》の意図《いと》を察《さっ》したはずだが、これまでたまりにたまった不満《ふまん》もあり、抑《おさ》えることができなくなっていた。

（このような国替《くにが》えは聞《き》いたことがない……）

今《いま》、明智《あけち》の領地《りょうち》は〝ない〟も同然《どうぜん》。

もし、中国攻《ちゅうごくぜ》めで下手《へた》なことをすれば、自分《じぶん》の一族《いちぞく》だけでなく、家臣《かしん》やその家族《かぞく》も路頭《ろとう》に迷《まよ》うことになるのだ。

光秀《みつひで》は琵琶湖畔《びわこはん》の坂本城《さかもとじょう》に戻《もど》って支度《したく》をすると、丹波《たんば》の亀山城《かめやまじょう》に向《む》かった。

そして、五月二十七日《がつにち》。備中《びっちゅう》へ出陣《しゅつじん》する前《まえ》に愛宕神社《あたごじんじゃ》に参詣《さんけい》して、大吉《だいきち》が出《で》るまで何度《なんど》も神籤《みくじ》を引《ひ》き……。

翌日《よくじつ》、戦勝《せんしょう》を祈願《きがん》する連歌会《れんがかい》を催《もよお》し、次《つぎ》のような歌《うた》を詠《よ》んだ。

時《とき》は今《いま》　雨《あめ》が下知《したし》る　五月哉《さつきかな》

この歌《うた》に込《こ》めた決意《けつい》を実行《じっこう》するのは、六月《がっ》二日《か》未明《みめい》のことになる――。

◆◆◆

一方《いっぽう》、信長《のぶなが》は家康《いえやす》たちに京《きょう》や堺《さかい》の見物《けんぶつ》を勧《すす》めて送《おく》り出《だ》すと、自身《じしん》も準備《じゅんび》を整《ととの》えて嫡男《ちゃくなん》の信忠《のぶただ》とともに京《きょう》へ向《む》かい、宿所《しゅくしょ》としてよく使《つか》っている本能寺《ほんのうじ》に入《はい》った。この寺《てら》は、寺《てら》といっても塀《へい》や堀《ほり》で囲《かこ》まれ、一種《いっしゅ》の城《しろ》の様相《ようそう》を呈《てい》している。

そして、六月一日《がっついたち》、信長《のぶなが》は本能寺《ほんのうじ》の書院《しょいん》で茶会《ちゃかい》を催《もよお》した。

「さすがは信長様《のぶながさま》、素晴《すば》らしい名器《めいき》の数々《かずかず》。目《め》の保養《ほよう》をさせていただきました」

博多《はかた》の豪商《ごうしょう》・島井宗室《しまいそうしつ》が喜《よろこ》んで礼《れい》を述《の》べる。

信長《のぶなが》はこの宗室《そうしつ》をもてなすため、安土城《あづちじょう》から茶入《ちゃいれ》の「九十九髪茄子《つくもかみなす》」、「珠光小茄子《じゅこうこなすび》」ほか、花入《はないれ》や茶碗《ちゃわん》、茶釜《ちゃがま》、絵《え》など名《な》だたる美術品《びじゅつひん》を運《はこ》び、披露《ひろう》したのだ。宗室《そうしつ》と懇意《こんい》にしておけば、戦《いくさ》に必要《ひつよう》な物資《ぶっし》が大量《たいりょう》に手《て》に入《はい》りやすくなる。まだまだ戦《いくさ》が続《つづ》く中《なか》、こうしたもてなしも必要《ひつよう》なことだった。

この席《せき》には公家《くげ》も招《まね》かれており、信長《のぶなが》は終始《しゅうし》、機嫌《きげん》が良《よ》かった。

そんな信長《のぶなが》を見《み》て、公家《くげ》のひとりが信忠《のぶただ》に話《はな》しかけた。

「そういえば、お父上《ちちうえ》は、例《れい》の件《けん》はどれにするか決《き》めたのでしょうか？」

「三職《さんしき》の件《けん》ですか。しかし、〝征伐《せいばつ》の功《こう》〟がまだゆえ――」

「なにを言《い》うておられます。武田《たけだ》を滅《めっ》したことでそれは適《かな》いましたはず」

「いえ、中国《ちゅうごく》の毛利《もうり》や四国《しこく》の長宗我部《ちょうそかべ》はこれからですので。四国《しこく》へは明日《あす》の朝《あさ》、摂津《せっつ》から討伐軍《とうばつぐん》が向《む》かうことになっています」

信忠《のぶただ》が言《い》ったように、六月《がつ》二日《か》の早朝《そうちょう》、弟《おとうと》の信孝《のぶたか》が軍《ぐん》を率《ひき》いて海《うみ》を渡《わた》り、四国《しこく》へ向《む》かうことになっている。信忠《のぶただ》は弟《おとうと》の援軍《えんぐん》として、父《ちち》・信長《のぶなが》について京《きょう》まで進《すす》んできたのだ。

「そうですか。しかし、太政大臣《だじょうだいじん》か関白《かんぱく》か、はたまた征夷大将軍《せいいたいしょうぐん》か、どれを望《のぞ》むのかの返事《へんじ》も御上《おかみ》は待《ま》っておられますゆえ、こちらもお早《はや》く……」

四月《がつ》に右大臣《うだいじん》を辞《じ》したのち、信長《のぶなが》はなんの官職《かんしょく》にも就《つ》いていない。信長《のぶなが》の意図《いと》が見《み》えないので、朝廷側《ちょうていがわ》は「太政大臣《だじょうだいじん》か、関白《かんぱく》か、征夷大将軍《せいいたいしょうぐん》か」三つのうちどれかを選《えら》ぶよう打診《だしん》し、その返事《へんじ》を待《ま》っているのである。公家《くげ》の関心《かんしん》は四国《しこく》や中国征伐《ちゅうごくせいばつ》ではなく、そこなのだった。

(父上《ちちうえ》はなにをお望《のぞ》みなのだろう……?)

信忠《のぶただ》は上機嫌《じょうきげん》な顔《かお》の父《ちち》を見《み》る。

朝廷《ちょうてい》にて天皇《てんのう》を支《ささ》えて政治《せいじ》の頂点《ちょうてん》に立《た》つなら太政大臣《だじょうだいじん》か関白《かんぱく》、武家《ぶけ》の頂点《ちょうてん》に立《た》ち、幕府《ばくふ》を開《ひら》くなら征夷大将軍《せいいたいしょうぐん》——となるのだが、信長《のぶなが》はまだ決《き》めていないのか、先日《せんじつ》、安土《あづち》を訪《おとず》れた勅使《ちょくし》にも明確《めいかく》な回答《かいとう》はしていない。

茶会《ちゃかい》が終《お》わって酒宴《しゅえん》となり、濃《のう》もこの席《せき》に顔《かお》を出《だ》して、信長《のぶなが》の正室《せいしつ》として客人《きゃくじん》にあいさつをして回《まわ》った。

それが一段落《いちだんらく》すると、信忠《のぶただ》は濃《のう》に声《こえ》をかけた。

「義母上《ははうえ》、私《わたし》はあのような父上《ちちうえ》の顔《かお》を久《ひさ》しぶりに見《み》たような気《き》がします」

「ふふ、そうね。気難《きむずか》しい顔《かお》をしているほうが多《おお》いですものね」

「義母上《ははうえ》も三職《さんしき》の件《けん》はご存《ぞん》じですよね? 父上《ちちうえ》がお望《のぞ》みなのは、どれだと思《おも》いますか?」

そう訊《き》かれ、濃《のう》は小首《こくび》を傾《かし》げてから、こう言《い》った。

「さあ……どれでもないいんじゃないかしら」

「えっ?」

「信長様《のぶながさま》は、もっと広《ひろ》い世界《せかい》に目《め》を向《む》けておられますもの」

濃《のう》は楽《たの》し気《げ》に微笑《ほほえ》んで、盃《さかずき》を傾《かたむ》けている信長《のぶなが》を見《み》る。

「中国攻《ちゅうごくぜ》めは秀吉殿《ひでよしどの》のおかげでうまくいっているようですし、光秀殿《みつひでどの》も援軍《えんぐん》に向《む》かっていますから、安心《あんしん》していらっしゃるのだと思《おも》うわ」

どうやら、長年《ながねん》連《つ》れ添《そ》った夫婦《ふうふ》にしかわからぬことがあるようだ。

「そうですね。では、私《わたし》はそろそろ……」

信忠《のぶただ》が宿所《しゅくしょ》にしている妙覚寺《みょうかくじ》へ戻《もど》ったときは、すでに真夜中《まよなか》になっていた。

濃《のう》は先《さき》に休《やす》み、信長《のぶなが》は本因坊算砂《ほんいんぼうさんさ》と鹿塩利賢《かしおりげん》の囲碁《いご》の対局《たいきょく》を見《み》てから、寝室《しんしつ》に入《はい》った。


時《とき》は少《すこ》しさかのぼり——。

光秀《みつひで》は行軍《こうぐん》の途中《とちゅう》、ずっと重《おも》い顔《かお》つきをしていた。

(信長様《のぶながさま》は今頃《いまごろ》、本能寺《ほんのうじ》で酒宴《しゅえん》の最中《さいちゅう》か……)

(明日《あす》の朝《あさ》には、信孝様《のぶたかさま》の四国討伐軍《しこくとうばつぐん》が摂津《せっつ》の港《みなと》から……)

(もう、信長様《のぶながさま》にはついていけぬ……)

(やはり、動《うご》くならこの機《き》をおいてほかには——)

先日《せんじつ》の連歌会《れんがかい》では自身《じしん》を奮《ふる》い立《た》たせるために、あのような歌《うた》を詠《よ》んだが――。

「時《とき》は今《いま》　雨《あめ》が下知《したし》る」は置《お》き換《か》えると、こうなる。

土岐氏《ときし》の流《なが》れを汲《く》む自分《じぶん》が、天下《てんか》を治《し》る

――つまり、光秀自身《みつひでじしん》が天下《てんか》を取《と》るという決意《けつい》を込《こ》めていたのだ。

馬上《ばじょう》の光秀《みつひで》は、これまでのことをいろいろと思《おも》い返《かえ》した。

信長《のぶなが》の苛烈《かれつ》な性格《せいかく》には、時《とき》にあこがれこそすれ、恐《おそ》れを抱《いだ》くことのほうが多《おお》かった。

一向一揆衆《いっこういっきしゅう》たちは、信長《のぶなが》のことを「第六天魔王《だいろくてんまおう》」と呼《よ》んで恐《おそ》れたという。これは仏敵《ぶってき》という意味《いみ》だが、それを知《し》った信長《のぶなが》は好《この》んで自分《じぶん》のことを「魔王《まおう》」と称《しょう》したりした。

信長《のぶなが》はキリスト教《きょう》の布教《ふきょう》を許《ゆる》しているが、信《しん》じているわけではない。宣教師《せんきょうし》がもたらす西洋文化《せいようぶんか》を取《と》り入《い》れて、もっと強《つよ》くなるためだ。

（信長様《のぶながさま》は神《かみ》や仏《ほとけ》を信《しん》じない……）

（しかし、今《いま》なら、天《てん》は私《わたし》に味方《みかた》するかもしれない）

（やはり、今《いま》が好機《こうき》……！）

光秀《みつひで》は重臣《じゅうしん》の斎藤利三《さいとうとしみつ》を呼《よ》び寄《よ》せた。

「利三《としみつ》よ、私《わたし》は決《き》めた。今《いま》から京《きょう》へ向《む》かう」

「京《きょう》へ……？」

「四国《しこく》の件《けん》では、そちにも苦労《くろう》をかけたな。この先《さき》は悪《わる》いようにはせぬ。もとの約束《やくそく》どおり、長宗我部《ちょうそかべ》による四国《しこく》の支配《しはい》を認《みと》めよう」

これを聞《き》き、利三《としみつ》はハッと目《め》を見開《みひら》く。

「殿《との》……まさか⁉」

「その、まさかだ」

そうして、光秀《みつひで》は西《にし》へ向《む》かうはずの行軍《こうぐん》を止《と》め……。

馬《うま》の首《くび》を東《ひがし》へと巡《めぐ》らせ、京《きょう》の方向《ほうこう》を見定《みさだ》めると、こう叫《さけ》んだ。

「敵《てき》は本能寺《ほんのうじ》にあり！」


そして、六月《がつ》二日《か》――早朝《そうちょう》。

まだ夜《よ》が明《あ》けきらぬ頃《ころ》、信長《のぶなが》は目《め》を覚《さ》まし、顔《かお》を洗《あら》った。手《て》や顔《かお》を拭《ふ》いていると、外《そと》が騒《さわ》がしいのに気《き》がついた。

「なんだ、こんな時間《じかん》に。家臣同士《かしんどうし》の喧嘩《けんか》か?」

すると、様子《ようす》を見《み》にいった小姓《こしょう》の森蘭丸《もりらんまる》がすぐに戻《もど》ってきて、こう報告《ほうこく》した。

「大変《たいへん》です! 明智光秀《あけちみつひで》、謀叛《むほん》! 謀叛《むほん》にございます!」

「なに? 光秀《みつひで》が? それはまことか⁉」

「外《そと》に翻《ひるがえ》るは、水色《みずいろ》に桔梗《ききょう》の旗印《はたじるし》。間違《まちが》いないかと……!」

信長《のぶなが》はフッと笑《わら》った。

「――是非《ぜひ》に及《およ》ばず」

信長《のぶなが》は夜着姿《よぎすがた》のまま弓《ゆみ》を手《て》にすると、部屋《へや》の外《そと》に出《で》た。

(光秀《みつひで》か……そうか、俺《おれ》を倒《たお》しにきたか)

心《こころ》のどこかで予感《よかん》はしていた。

そして、不思議《ふしぎ》なことに信長《のぶなが》はこの状況《じょうきょう》を楽《たの》しんでいた。家臣《かしん》の裏切《うらぎ》りなら、これまで幾度《いくど》となく経験《けいけん》している。実《じつ》の弟《おとうと》にでさえ、裏切《うらぎ》られたことがある。

けれど、その誰《だれ》も、信長《のぶなが》を葬《ほうむ》ることはできなかった。

(おまえなら、俺《おれ》の命《いのち》が取《と》れるというのか、光秀《みつひで》!)

廊下《ろうか》を進《すす》んでいくと、寺《てら》の中《なか》は大変《たいへん》な騒《さわ》ぎになっていた。

「女《おんな》は逃《に》げよ！」
逃《に》げ惑《まど》う侍女《じじょ》たちにそう言《い》うと、信長《のぶなが》は向《む》かってくる明智兵《あけちへい》たちに次々《つぎつぎ》と矢《や》を放《はな》つ。
蘭丸《らんまる》をはじめ小姓《こしょう》たちも刀《かたな》を抜《ぬ》き、果敢《かかん》に斬《き》り合《あ》っている。
信長《のぶなが》は矢《や》がなくなると、槍《やり》を取《と》り、応戦《おうせん》した。
そうしているうちに、明智方《あけちがた》が放《はな》った火矢《ひや》がもとで、寺《てら》のあちこちが燃《も》えはじめた。
(明智《あけち》は一万《まん》三千《ぜん》、対《たい》してこちらは百《ひゃく》にも満《み》たぬ……)
これまで、圧倒的《あっとうてき》に不利《ふり》な状況《じょうきょう》を信長《のぶなが》は何度《なんど》も逆手《さかて》に取《と》り、勝利《しょうり》を収《おさ》めてきた。
しかし——。
(今回《こんかい》ばかりは勝《か》ち目《め》はないか。うまいところを突《つ》いてきたな)
信長《のぶなが》は口元《くちもと》に笑《え》みを浮《う》かべた。
これから死《し》ぬというのに、それがなぜかおかしくてたまらない。
信長《のぶなが》は笑《わら》いながら槍《やり》を振《ふ》るう。
しかし、向《む》かってくる明智兵《あけちへい》はあとを絶《た》たず、
「ぐっ……」
ついに肘《ひじ》に槍傷《やりきず》を受《う》け、この場《ば》から退《ひ》くことを決《き》めた。

「蘭丸《らんまる》、奥《おく》には誰《だれ》も通《とお》すな！」

「はっ！　この命《いのち》に代《か》えましても、一兵《いっぺい》たりとも通《とお》しませぬ！」

蘭丸《らんまる》はそう叫《さけ》び、明智兵《あけちへい》をひとり斬《き》り捨《す》てた。

その様子《ようす》を頼《たの》もしく思《おも》いながら、信長《のぶなが》は寺《てら》の奥《おく》へ奥《おく》へと進《すす》んでいく。

木材《もくざい》が焼《や》ける臭《にお》いに、信長《のぶなが》はふと初陣《ういじん》を思《おも》い出《だ》した。

あの日《ひ》も、紅蓮《ぐれん》の炎《ほのお》が夜空《よぞら》を焦《こ》がしていた……。

(炎《ほのお》に始《はじ》まり、炎《ほのお》で終《お》わるか。俺《おれ》には似合《にあ》いだな)

と——そのとき、後《うし》ろから声《こえ》がした。

「信長様《のぶながさま》！」

振《ふ》り向《む》くと、長刀《なぎなた》を手《て》に駆《か》けてきたのは、妻《つま》の濃《のう》であった。

同《おな》じく夜着姿《よぎすがた》であったが、動《うご》きやすいように袖《そで》をたすきがけにしている。返《かえ》り血《ち》を浴《あ》びているところを見《み》ると、ここに来《く》るまでにひとりかふたり、斬《き》ったのだろう。

「濃《のう》！　なぜここにいる⁉　どうして逃《に》げなかった！」

「私《わたし》は信長様《のぶながさま》の妻《つま》。どこへでもついていくと約束《やくそく》したじゃありませんか」

濃《のう》は、いつものように微笑《ほほえ》んだ。

連《つ》れ添《そ》って三十年以上《ねんいじょう》経《た》つが、今《いま》の微笑《ほほえ》みがいちばん美《うつく》しいと、信長《のぶなが》は思《おも》った。

「そうだな、おまえは俺《おれ》の妻《つま》。ともに行《い》こう」

「……はい！」

ふたりは連《つ》れ立《だ》って、奥《おく》へ奥《おく》へと向《む》かったが――。

「いたぞ！」

明智兵《あけちへい》が数人《すうにん》、追《お》いかけてきた。彼《かれ》らの顔《かお》は煤《すす》で真《ま》っ黒《くろ》だ。

信長《のぶなが》は踵《きびす》を返《かえ》して立《た》ちはだかり、濃《のう》を逃《に》がそうとしたが、妻《つま》の動《うご》きはもっと速《はや》かった。

夜着《よぎ》の裾《すそ》をサッとさばき、長刀《なぎなた》を繰《く》り出《だ》して、兵《へい》をひとり斬《き》り伏《ふ》せたのだ。

「ここは私《わたし》におまかせください！」

そして、濃《のう》は肩越《かたご》しに信長《のぶなが》を振《ふ》り返《かえ》った。

「私《わたし》は、あなた様《さま》の妻《つま》でしあわせでした……」

赤《あか》い炎《ほのお》に照《て》らされて、妻《つま》の目《め》に涙《なみだ》が光《ひか》ったのを信長《のぶなが》は見《み》た。

「……濃《のう》！」

次《つぎ》の瞬間《しゅんかん》、焼《や》けた梁《はり》が落《お》ちてきて、濃《のう》の姿《すがた》は見《み》えなくなった。

炎《ほのお》の向《む》こうで、斬《き》り合《あ》う音《おと》が聞《き》こえてくる。

「信長様《のぶながさま》、首《くび》を取《と》られてはなりませぬ！　決《けっ》して……決《けっ》して！」

叫《さけ》びに近《ちか》い妻《つま》の声《こえ》に、

「濃《のう》、おまえの気持《きも》ち……無駄《むだ》にはせぬ」

信長《のぶなが》は唇《くちびる》をぐっとかみしめ、さらに奥《おく》へと進《すす》んでいった。

そして、いちばん奥《おく》の部屋《へや》に入《はい》ると、信長《のぶなが》は扇《おうぎ》を取《と》り出《だ》し、舞《まい》を舞《ま》いはじめた。

人間《にんげん》五十年《ねん》　下天《げてん》のうちをくらぶれば　夢幻《ゆめまぼろし》のごとくなり
ひとたび生《せい》を享《う》け　滅《めっ》せぬ者《もの》のあるべきか

「敦盛《あつもり》」を舞《ま》いながら、信長《のぶなが》は、これまで首級《しゅきゅう》を挙《あ》げた武将《ぶしょう》たちの顔《かお》を思《おも》い浮《う》かべた。

今川義元《いまがわよしもと》、朝倉義景《あさくらよしかげ》、浅井長政《あざいながまさ》、武田勝頼《たけだかつより》……。

皆《みな》、それぞれの家《いえ》を背負《せお》う者《もの》たちだった。それゆえ、彼《かれ》らの首《くび》は戦利品《せんりひん》として大《おお》きな意《い》味《み》を持《も》っていた。そのような〝物《もの》〟に、自分《じぶん》は成《な》り果《は》てたくはない。

（光秀《みつひで》、おまえに俺《おれ》の首《くび》は渡《わた》さん！　それが俺《おれ》の勝《か》ち方《かた》だ）

舞《ま》い終《お》わった信長《のぶなが》は扇《おうぎ》を閉《と》じ、刀《かたな》を抜《ぬ》き放《はな》った。

終章◆天下《てんか》統一《とういつ》への道《みち》

「明智様《あけちさま》が謀叛《むほん》……そんな馬鹿《ばか》なことが」

泣《な》き崩《くず》れる羽柴秀吉《はしばひでよし》を見《み》ながら、黒田官兵衛《くろだかんべえ》は茫然《ぼうぜん》とつぶやいた。信長《のぶなが》だけでなく、嫡男《ちゃくなん》の信忠《のぶただ》も二条御所《にじょうごしょ》にて明智《あけち》の別働隊《べつどうたい》に攻《せ》められ、切腹《せっぷく》したという。

六月二日《がつかか》の早朝《そうちょう》に、摂津《せっつ》の港《みなと》から発《た》つ予定《よてい》であった三男《なん》・信孝《のぶたか》率《ひき》いる四国征伐軍《しこくせいばつぐん》は、「信長《のぶなが》、討《う》たれる」の報《ほう》が入《はい》るや否《いな》や、散《ち》り散《ぢ》りになったらしい。

信長《のぶなが》という存在《そんざい》がいかに大《おお》きかったか、この話《はなし》からよくわかる。そして、今《いま》、信長《のぶなが》の死《し》を知《し》っていちばん打《う》ちのめされているのは、目《め》の前《まえ》にいるこの小《ちい》さな男《おとこ》だ。

「うう……信長様《のぶながさま》ぁ……信長様《のぶながさま》あぁぁ……。わしがここまで来《こ》られたのは、すべて信長様《のぶながさま》のおかげじゃというのに……」

信長《のぶなが》の壮大《そうだい》な夢《ゆめ》――「天下統一《てんかとういつ》」を目指《めざ》して、羽柴秀吉《はしばひでよし》は力《ちから》を尽《つ》くしてきた。

困難《こんなん》は数《かぞ》えきれないほどあったが、その夢《ゆめ》の果《は》てにあるものを一緒《いっしょ》に見《み》たくて、走《はし》り続《つづ》けてきたのである。

しかし、その信長《のぶなが》が落日《らくじつ》のごとく、闇《やみ》の中《なか》に消《き》えてしまった……。

「信長様《のぶながさま》ぁ……わしはこれからどうすればいいんじゃ……信長様《のぶながさま》ぁあああ」

すると、しばらくして――。

嘆《なげ》き悲《かな》しむ秀吉《ひでよし》に、官兵衛《かんべえ》が言《い》った。

「秀吉様《ひでよしさま》、ご武運《ぶうん》が開《ひら》けましたな。あなた様《さま》が天下《てんか》をお取《と》りになればよい」

この言葉《ことば》に、秀吉《ひでよし》は弾《はじ》かれたように顔《かお》を上《あ》げた。

「官兵衛《かんべえ》、今《いま》、なんと……」

このようなときになにを言《い》うのだ、と非難《ひなん》めいた目《め》を向《む》けた秀吉《ひでよし》に、官兵衛《かんべえ》はあくまでも冷静《れいせい》に言《い》った。

「信長様《のぶながさま》を討《う》ったということは、明智様《あけちさま》……いえ、光秀《みつひで》が天下《てんか》を取《と》るつもりなのでしょう。秀吉様《ひでよしさま》はそれでいいのですか？」

「馬鹿《ばか》な！　いいわけがなかろう」

「でしたら、やることはひとつです」

「……信長様《のぶながさま》の、仇《かたき》を討《う》つ」

秀吉《ひでよし》のつぶやきに、官兵衛《かんべえ》は「そうです」とうなずく。

信長《のぶなが》の死《し》は遅《おそ》かれ早《はや》かれ、毛利方《もうりがた》にも伝《つた》わるだろう。そうなれば毛利《もうり》の士気《しき》は上《あ》がり、高松城攻《たかまつじょうぜ》めは困難《こんなん》を極《きわ》めてしまう。信長《のぶなが》の死《し》を知《し》られる前《まえ》に、手《て》を打《う》たねばならない。

「お……おお、そうじゃな。こんなところで、ぐずぐずしている場合《ばあい》ではない。官兵衛《かんべえ》、おぬしのおかげで目《め》が覚《さ》めたわ」

秀吉《ひでよし》は涙《なみだ》を拭《ふ》き、立《た》ち上《あ》がった。


信長《のぶなが》の死《し》を隠《かく》したまま、すぐに毛利《もうり》との和睦《わぼく》の交渉《こうしょう》がはじめられ――。

秀吉《ひでよし》は条件《じょうけん》として、備中高松城主《びっちゅうたかまつじょうしゅ》・清水宗治《しみずむねはる》の切腹《せっぷく》を求《もと》めた。

そして、六月四日《がつか》の正午過《しょうごす》ぎ、城《しろ》から漕《こ》ぎ出《で》た小舟《こぶね》の上《うえ》で、宗治《むねはる》は五万人《まんにん》もの人々《ひとびと》が見《み》守《まも》る中《なか》、見事《みごと》に腹《はら》を切《き》った。

それを見届《みとど》けた秀吉《ひでよし》は、すぐに陣《じん》を引《ひ》き払《はら》い、東《ひがし》へと向《む》かったのである。

◆◆◆

六月九日《がつかか》、秀吉《ひでよし》は播磨《はりま》での拠点《きょてん》・姫路城《ひめじじょう》を発《た》った。

雨《あめ》の中《なか》、軍勢《ぐんぜい》がひたすら駆《か》けていく。城内《じょうない》にあった金銀《きんぎん》を惜《お》しみなく配《くば》ったため、強行《きょうこう》軍《ぐん》にもかかわらず、兵《へい》の士気《しき》は上《あ》がっている。

秀吉《ひでよし》は石田三成《いしだみつなり》や大谷吉継《おおたによしつぐ》などの家臣《かしん》たちを先送《さきおく》りし、街道沿《かいどうぞ》いに食糧《しょくりょう》の配給所《はいきゅうじょ》を設《もう》けた。兵《へい》たちは走《はし》りながら空腹《くうふく》を満《み》たし、ひたすら走《はし》る。

これが、有名《ゆうめい》な「中国大返し《ちゅうごくおおがえし》」だ。

(光秀《みつひで》……なぜじゃ⁉　なぜ、信長様《のぶながさま》を討《う》った⁉)

秀吉《ひでよし》の胸《むね》は怒《いか》りに燃《も》えていた。

(こうなれば、誰《だれ》よりも早《はや》く、わしが信長様《のぶながさま》の仇《かたき》を討《う》つ!)

柴田勝家《しばたかついえ》や前田利家《まえだとしいえ》は北陸《ほくりく》で戦《いくさ》をしている。盟友《めいゆう》の徳川家康《とくがわいえやす》は堺見物《さかいけんぶつ》に興《きょう》じていたらしく、供《とも》は三十数名《すうめい》ばかりで軍《ぐん》を率《ひき》いているわけではない。

が、彼《かれ》らは場所的《ばしょてき》には秀吉《ひでよし》よりも京《きょう》に近《ちか》い。なにか素早《すばや》く手段《しゅだん》を講《こう》じて動《うご》かれたら、間《ま》に合《あ》わない。秀吉《ひでよし》は京《きょう》を目指《めざ》す一方《いっぽう》で、各地《かくち》の武将《ぶしょう》へ味方《みかた》につくよう書状《しょじょう》を出《だ》し、

「信長様《のぶながさま》は実《じつ》は生《い》きて近江《おうみ》へ逃《のが》れている」

という噂《うわさ》も流《なが》した。

本能寺《ほんのうじ》の焼《や》け跡《あと》から信長《のぶなが》の首《くび》は見《み》つからなかった、という情報《じょうほう》を得《え》たからだ。

明智光秀《あけちみつひで》はなんとしても信長《のぶなが》の首《くび》を見《み》つけてさらしものにする必要《ひつよう》があったのだが、そ

のこともあり、光秀《みつひで》に呼応《こおう》しようという武将《ぶしょう》はなかなかおらず……。秀吉《ひでよし》に味方《みかた》しようという武将《ぶしょう》たちが次第《しだい》に増《ふ》えていき、行軍《こうぐん》の途中《とちゅう》で、信長《のぶなが》の乳兄弟《ちきょうだい》でもある池田恒興《いけだつねおき》や、キリシタン大名《だいみょう》として知《し》られる高山右近《たかやまうこん》などが次々《つぎつぎ》と秀吉軍《ひでよしぐん》に合流《ごうりゅう》した。

このように援軍《えんぐん》を得《え》ながら秀吉軍《ひでよしぐん》は怒濤《どとう》の勢《いきお》いで街道《かいどう》を走《はし》り、六月《がつ》十二日《にち》には摂津《せっつ》の富《とん》田《だ》に陣《じん》を構《かま》えた。

「あの、信長様《のぶながさま》が……今《いま》でも信《しん》じられん」

秀吉《ひでよし》の本陣《ほんじん》にやってきた恒興《つねおき》は、狐《きつね》につままれたような顔《かお》をしていた。乳兄弟《ちきょうだい》として子《こ》どもの頃《ころ》から一緒《いっしょ》に育《そだ》ってきた恒興《つねおき》は「信《しん》じられん」と幾度《いくど》もつぶやきを繰《く》り返《かえ》す。

「おかげで涙《なみだ》も出《で》ない。ぼさぼさの茶筅髪《ちゃせんがみ》を揺《ゆ》らしながら、今《いま》にもどこからか信長様《のぶながさま》がふいに現《あらわ》れて、『大《おお》うつけの戯言《ざれごと》よ』と言《い》われるような気《き》がしてな……」

「恒興殿《つねおきどの》、お味方《みかた》、感謝《かんしゃ》する。実《じつ》は相談《そうだん》したいことがあっての。わしは信孝様《のぶたかさま》を総大将《そうだいしょう》にすべきだと思《おも》うのじゃが……」

どうだろうか、と恒興《つねおき》を見《み》ると、大《おお》きくうなずき返《かえ》してきた。

「それはいい考《かんが》えだ、秀吉殿《ひでよしどの》。信孝様《のぶたかさま》がおられれば、士気《しき》はますます高《たか》まる」

恒興《つねおき》の賛成《さんせい》を得《え》て、秀吉《ひでよし》は信長《のぶなが》の三男《なん》・信孝《のぶたか》を迎《むか》え入《い》れた。これで「信孝様《のぶたかさま》のもと、信《のぶ》長様《ながさま》の仇《かたき》を討《う》つ」という大義名分《たいぎめいぶん》が調《ととの》ったのである。

そうして――。

六月《がつ》十三日《にち》の決戦当日《けっせんとうじつ》には、三万《まん》もの大軍《たいぐん》に膨《ふく》れ上《あ》がった秀吉軍《ひでよしぐん》と明智軍《あけちぐん》一万余《まんよ》が、山《やま》崎《ざき》の地《ち》――天王山《てんのうざん》のふもとで激突《げきとつ》。

この戦《たたか》いは、はじめ明智有利《あけちゆうり》に進《すす》んだが――……。

「逆賊《ぎゃくぞく》、光秀《みつひで》を討《う》つのじゃ！　皆《みな》、怯《ひる》むでない、いけ――っ！」

秀吉軍《ひでよしぐん》の猛攻《もうこう》により押《お》し返《かえ》し、勝負《しょうぶ》の行方《ゆくえ》を決《けっ》した。

その後《ご》、戦《いくさ》に敗《やぶ》れた光秀《みつひで》は、居城《きょじょう》のひとつである坂本城《さかもとじょう》へ逃《に》げ帰《かえ》る途中《とちゅう》の山道《やまみち》で、落《お》ち武者狩《むしゃが》りをやっていた農民《のうみん》の竹槍《たけやり》に突《つ》かれて命《いのち》を落《お》とした。

「本能寺《ほんのうじ》の変《へん》」から、わずか十一日後《にちご》のことである。

六月《がつ》十七日《にち》、秀吉《ひでよし》は「三日天下《みっかてんか》」に終《お》わった光秀《みつひで》の首《くび》を、本能寺《ほんのうじ》の焼《や》け跡《あと》にさらした。

(信長様《のぶながさま》の仇《かたき》、この猿《さる》めが討《う》ちましたぞ！　信長様《のぶながさま》の夢《ゆめ》も、必《かなら》ずやこの秀吉《ひでよし》が叶《かな》えてみせまする！)

こうして、見事《みごと》に主君《しゅくん》・信長《のぶなが》の仇《かたき》を討《う》った秀吉《ひでよし》は、「天下統一《てんかとういつ》」という夢《ゆめ》に向《む》かって、走《はし》りだしたのである。

一方《いっぽう》、家康《いえやす》は……。

「本能寺《ほんのうじ》の変《へん》」の当日《とうじつ》――六月《がつ》二日《か》の午後《ごご》、堺《さかい》にて信長《のぶなが》が討《う》たれたことを知《し》ったが、上方《かみがた》からいちばん近《ちか》い自身《じしん》の領地《りょうち》・三河《みかわ》へすら、すぐには戻《もど》れなかった。三河《みかわ》を目指《めざ》すには、信長《のぶなが》とつい最近《さいきん》まで敵対《てきたい》していた伊賀《いが》の地《ち》を通《とお》らねばならなかったからである。

信長《のぶなが》の盟友《めいゆう》・徳川家康《とくがわいえやす》と知《し》られれば命《いのち》はない――。

家康《いえやす》は決死《けっし》の覚悟《かくご》で〝伊賀越《いがご》え〟を強行《きょうこう》し、伊勢《いせ》に出《で》ると船《ふね》で海《うみ》を渡《わた》り、なんとか岡崎《おかざき》へ帰《かえ》りついた。

そして、すぐに挙兵《きょへい》の準備《じゅんび》を進《すす》め、西《にし》へ向《む》かったが……家康《いえやす》は間《ま》に合《あ》わなかった。

六月《がつ》十九日《にち》、尾張《おわり》の鳴海《なるみ》まで進《すす》んだところで、秀吉《ひでよし》の使者《ししゃ》が来《き》て、

「お喜《よろこ》びください！　十三日《にち》に我《わ》が殿《との》、羽柴秀吉《はしばひでよし》が明智光秀《あけちみつひで》を山崎《やまざき》は天王山《てんのうざん》の地《ち》にて討《う》ち破《やぶ》りました！」

と告《つ》げたのだ。

(秀吉《ひでよし》は、備中《びっちゅう》にいたのではなかったのか⁉)

……今《いま》さら西《にし》を目指《めざ》しても仕方《しかた》ない。

兄《あに》と慕《した》った信長《のぶなが》の仇《かたき》を討《う》てなかった悔《くや》しさに唇《くちびる》を嚙《か》み、家康《いえやす》は兵《へい》を東《ひがし》へ戻《もど》した。

秀吉《ひでよし》が、関白《かんぱく》・豊臣秀吉《とよとみひでよし》という名《な》で、天下統一《てんかとういつ》をなしたのは信長《のぶなが》の死《し》から八年後《ねんご》――。

そして、征夷大将軍《せいいたいしょうぐん》となった家康《いえやす》が息子《むすこ》の秀忠《ひでただ》に家督《かとく》を譲《ゆず》ったのち、秀吉《ひでよし》亡《な》きあとの豊《とよ》臣《とみ》を滅《ほろ》ぼして天下《てんか》を手中《しゅちゅう》に収《おさ》めたのは、それからさらに二十五年後《ねんご》のことであった。

群雄割拠《ぐんゆうかっきょ》の、この時代《じだい》。

戦国《せんごく》の世《よ》を熱《あつ》く生《い》きた男《おとこ》たちの胸《むね》には、信長《のぶなが》が目指《めざ》した「天下統一《てんかとういつ》」という壮大《そうだい》な夢《ゆめ》が深《ふか》く刻《きざ》み込《こ》まれていたのである。

織田信長《おだのぶなが》 年表《ねんぴょう》

※年齢《ねんれい》は数《かぞ》え年《どし》です

西暦《せいれき》［元号《げんごう》］（年《ねん》）	年齢《ねんれい》	信長《のぶなが》の歴史《れきし》	日本《にっぽん》のできごと
一五三四［天文《てんぶん》三］	1	五月《がつ》に誕生《たんじょう》。父《ちち》は織田信秀《おだのぶひで》、母《はは》は土田御前《どたごぜん》。幼名《ようめい》は吉法師《きっぽうし》。	
一五四六［天文《てんぶん》十五］	13	元服《げんぷく》して「三郎信長《さぶろうのぶなが》」と名乗《なの》る。	足利義輝《あしかがよしてる》が室町幕府《むろまちばくふ》第《だい》十三代将軍《だいしょうぐん》に就任《しゅうにん》。
一五四九［天文《てんぶん》十八］	16	美濃《みの》の斎藤道三《さいとうどうさん》の娘《むすめ》と結婚《けっこん》。	
一五五二［天文《てんぶん》二十一］	19	父《ちち》・信秀《のぶひで》が没《ぼっ》し、家督《かとく》を継《つ》ぐ。	
一五五三［天文《てんぶん》二十二］	20	斎藤道三《さいとうどうさん》と尾張《おわり》の正徳寺《しょうとくじ》で会見《かいけん》する。	武田晴信《たけだはるのぶ》と長尾景虎《ながおかげとら》による、第一次川中島《だいいちじかわなかじま》の戦《たたか》い。
一五五四［天文《てんぶん》二十三］	21	今川《いまがわ》の村木砦《むらきとりで》を攻略《こうりゃく》する。	「弘治《こうじ》」と改元《かいげん》する。 甲相駿三国同盟締結《こうそうすんさんごくどうめいていけつ》（武田《たけだ》・北条《ほうじょう》・今川《いまがわ》）。
一五五七［弘治《こうじ》三］	24	弟《おとうと》の信行《のぶゆき》を誘殺《ゆうさつ》する。	
一五六〇［永禄《えいろく》三］	27	桶狭間《おけはざま》で今川義元《いまがわよしもと》を討《う》つ。	正親町天皇《おおぎまちてんのう》が即位《そくい》する。
一五六二［永禄《えいろく》五］	29	松平元康《まつだいらもとやす》と清須城《きよすじょう》で同盟《どうめい》を結《むす》ぶ。	

一五六七［永禄《えいろく》十］	34	美濃《みの》平定《へいてい》。「天下布武《てんかふぶ》」印《いん》を使《つか》いはじめる。	ポルトガル船《せん》が南島原《みなみしまばら》に来航《らいこう》する。
一五七〇［元亀《げんき》元］	37	徳川勢《とくがわぜい》と共《とも》に北陸《ほくりく》を攻《せ》める。金ケ崎《かねがさき》の退《の》き口《くち》で撤退《てったい》した後《あと》、姉川《あねがわ》で浅井《あざい》・朝倉《あさくら》と戦《たたか》い勝利《しょうり》する。	「元亀《げんき》」と改元《かいげん》する。宣教師《せんきょうし》のオルガンティノが入洛《にゅうらく》し、ルイス・フロイスと共《とも》に宣教活動《せんきょうかつどう》を行《おこな》う。
一五七一［元亀《げんき》二］	38	比叡山《ひえいざん》を焼《や》き討《う》ちする。	
一五七三［天正《てんしょう》元］	40	槇島城《まきしまじょう》で足利義昭《あしかがよしあき》を降《くだ》し、室町幕府滅亡《むろまちばくふめつぼう》。浅井《あざい》・朝倉《あさくら》を攻《せ》め滅《ほろ》ぼす。	武田信玄《たけだしんげん》が病没《びょうぼつ》する。「天正《てんしょう》」と改元《かいげん》する。
一五七五［天正《てんしょう》三］	42	長篠合戦《ながしのかっせん》で武田勢《たけだぜい》を破《やぶ》る。嫡男《ちゃくなん》の信忠《のぶただ》に家督《かとく》を譲《ゆず》る。	
一五八二［天正《てんしょう》十］	49	完成《かんせい》した安土城《あづちじょう》を一般公開《いっぱんこうかい》する。上洛《じょうらく》し、本能寺《ほんのうじ》に入《はい》るが、六月《がつ》二日《か》、明智光秀《あけちみつひで》に本能寺《ほんのうじ》を攻《せ》められ、自刃《じじん》し果《は》てる。	伊東《いとう》マンショ、中浦《なかうら》ジュリアンら「天正遣欧少年使節《てんしょうけんおうしょうねんしせつ》」が長崎《ながさき》からローマに出航《しゅっこう》する。武田氏《たけだし》の滅亡《めつぼう》。

参考文献

『詳細図説 信長記』（新人物往来社）小和田哲男 著
『詳細図説 秀吉記』（新人物往来社）小和田哲男 著
『詳細図説 家康記』（新人物往来社）小和田哲男 著
『考証 織田信長事典』（東京堂出版）西ヶ谷恭弘 著
『信長戦国歴史検定 公式問題集』（学研パブリッシング）小和田哲男 監修／小和田泰経 著
『廣済堂ベストムック298号 織田信長 覇道の全合戦』（廣済堂出版）
『現代語訳 信長公記』（ＫＡＤＯＫＡＷＡ）太田牛一 著／中川太古 訳
『ビジュアル版　逆説の日本史４ 完本 信長全史』（小学館）井沢元彦 著

編集協力………………… ㈱J's　publishing

企画・編集……………… 石川順恵　山本佳保里　甲田秀昭

装丁……………………… 荻窪裕司　吉田優希

口絵CGイラスト ……… 成瀬京司

口絵写真協力…………… PIXTA

校正……………………… ㈱鷗来堂

DTP …………………… ㈱東海創芸

新《しん》・歴史《れきし》人物伝《じんぶつでん》
織田信長《おだのぶなが》
2018年10月25日　初版発行

著　藤咲《ふじさき》あゆな
絵　おおつきべるの
発行者　井上弘治
発行所　**駒草出版**　株式会社ダンク出版事業部
〒110-0016
東京都台東区台東1-7-1　邦洋秋葉原ビル２階
TEL 03-3834-9087
FAX 03-3834-4508
http://www.komakusa-pub.jp

印刷・製本　シナノ印刷株式会社

落丁・乱丁本はお取り替えいたします。定価はカバーに表記してあります。

©Ayuna Fujisaki　2018　Printed in Japan
ISBN978-4-909646-09-5　N.D.C.289　194p　18cm

好評発売中!

新・歴史人物伝

豊臣秀吉

著◎仲野ワタリ

画◎すまき俊悟／ふさ十次

尾張中村で貧しい農家の子として生まれた藤吉郎は、十八歳のとき〝大うつけ〟と評判の織田信長に仕えることに。お調子者で愛きょうたっぷりの藤吉郎を、信長は「サル、サル」とかわいがり、次々に仕事を任せるようになるが、やがて時代を大きく変える出来事が起こり……。日ノ本一の出世男・豊臣秀吉の天下とりへの道を描く。

CG口絵

信長の命を受け、
秀吉が築いた墨俣城